JEAN CRUET

LA

PHILOSOPHIE MORALE & SOCIALE

DE

DESTUTT DE TRACY

(1754-1836)

C'est surtout aux jeunes gens que je m'adresse,
parce qu'ils n'ont point encore d'opinions
fixées, et aussi parce qu'ils supportent qu'on
les arrête sur des détails que les hommes plus
avancés en âge croient tous connaître, quoique
souvent ils ne les aient pas suffisamment examinés.

DESTUTT DE TRACY

TOURS, IMP. P. BOUSREZ. — J. ALLARD SUCC.

1909

LA
PHILOSOPHIE MORALE & SOCIALE

DE

DESTUTT DE TRACY

(1754-1836)

MÉMOIRE DE LICENCE ÈS-LETTRES
(Mention Philosophie)

ANNÉE SCOLAIRE 1900-1901

JEAN CRUET

LA

PHILOSOPHIE MORALE & SOCIALE

DE

DESTUTT DE TRACY

(1754-1836)

C'est surtout aux jeunes gens que je m'adresse, parce qu'ils n'ont point encore d'opinions fixées, et aussi parce qu'ils supportent qu'on les arrête sur des détails que les hommes plus avancés en âge croient tous connaître, quoique souvent ils ne les aient pas suffisamment examinés.

DESTUTT DE TRACY.

TOURS, IMP. P. BOUSREZ. — J. ALLARD SUCCr

—

1909

JEAN CRUET

Il n'était pas dans les desseins ni les désirs de mon fils Jean Cruet que cette œuvre de jeunesse fût publiée ; car elle eût paru plus tôt, et se fût adressée à un public plus étendu que celui des parents et des amis pour lesquels je réserve aujourd'hui ces quelques volumes. Ce faisant, je n'aurai donc pas trahi une volonté trop sacrée pour moi ; je n'aurai obéi qu'à un sentiment égoïste peut-être mais profond, à un besoin de vivre quelques heures intimes de plus avec une mémoire si chère, en repassant, en relisant ce premier et modeste essai, pour le placer à côté des œuvres plus fortes et plus mûres de celui qui ne peut plus donner que cette joie amère du souvenir à ceux qui l'ont aimé, et avaient mis en lui tant d'espérances aujourd'hui évanouies.

En le suivant ainsi de ce premier et humble volume à son dernier livre : *La vie du droit*, qui mit comme un rayon de jeune gloire et de beauté sur une vie inachevée, mais déjà si féconde, ses amis jugeront que celui-là méritait de vivre qui promettait tant, et que la destinée fut bien cruelle pour une intelligence qui grandissait dans le travail et la réflexion.

Mais, comme celui qui fait effort pour écrire ces lignes, ils éprouveront quelque consolation à la pensée que leur cher camarade n'aura pas disparu tout à fait, puisqu'en ces quelques livres il aura laissé la plus belle part de lui-même : toute son intelligence et tout son cœur ; et ils se rappelleront avec une douce émotion l'ami d'élection qu'ils n'auront pas perdu tout entier.

L. C.

AVANT-PROPOS

I.

Le 28 mai 1842, le secrétaire de l'Aca-
démie des Sciences morales et politiques
commençait par ces expressions élogieuses
la lecture d'une notice sur la vie et les œu-
vres de Destutt de Tracy :

« J'ai à vous entretenir aujourd'hui
d'un philosophe célèbre ; j'ai à vous racon-
ter à la suite de quelles pénibles vicissi-
tudes, un jeune homme qui portait l'épée,
comme le faisaient depuis plus de quatre
cents ans ses ancêtres, fut conduit à conti-
nuer Locke et Condillac ; par quelles cir-
constances imprévues et en vertu de quelle
vocation longtemps cachée, un homme du
monde, qui avait brillé surtout par les agré-
ments de sa personne et les grâces de son
esprit, devint tout d'un coup un penseur
profond ; et comment un colonel de l'ancien
régime compléta dans les prisons de la

1

Terreur, par des travaux pleins d'originalité et de force, les doctrines d'une grande école philosophique dont il fut le dernier et le plus brillant représentant. »

Telle est — d'après l'historien Mignet — l'étrange et vivante figure du philosophe dont nous voulons étudier, avec quelque développement, les idées morales et politiques ; et si cette étude nous a paru présenter un intérêt particulier, c'est que la philosophie de Destutt de Tracy, mal connue ou mal comprise, n'a jamais été appréciée à sa juste valeur.

Malgré la place importante qu'elle occupe dans l'histoire des idées au commencement du dix-neuvième siècle, malgré la vivacité des attaques dont elle a été l'objet de la part des ennemis de l'esprit révolutionnaire ; enfin malgré la biographie singulièrement attachante du philosophe lui-même, cette philosophie a été rapidement oubliée par ceux-là précisément qui continuaient la tradition républicaine dont elle reste — à notre avis — la plus complète et la plus fidèle expression.

II

Napoléon a jugé sévèrement les théories psychologiques et politiques de Destutt de Tracy.

« *C'est à l'Idéologie, disait-il, à cette té-
nébreuse métaphysique qui, en recher-
chant avec subtilité les causes premières,
veut fonder sur ses bases la législation
des peuples ; c'est à l'Idéologie qu'il faut
attribuer tous les malheurs de la France...
C'est elle qui a amené le régime des hommes de sang, qui a proclamé l'insurrection
comme un devoir, qui a adulé le peuple en
l'appelant à une souveraineté qu'il était
incapable d'exercer, qui a détruit la sain-
teté et le respect des lois, en les faisant dé-
pendre, non des principes sacrés de la justice, mais seulement de la volonté d'une
assemblée d'hommes étrangers à la connaissance des lois civiles, administratives,
politiques et militaires (1). » En d'autres
termes, — et pour traduire plus simplement
et plus exactement la pensée de l'empereur,
— c'est elle qui a jeté les premiers fonde-
ments du régime républicain et parlemen-
taire.*

*Napoléon condamnait l'Idéologie au
nom du despotisme ; Chateaubriand l'a
jugée avec la même sévérité et la même injustice au nom du catholicisme, ou, suivant ses propres expressions, du « haut
des idées chrétiennes ».*

(1) Réponse à une Adresse du Sénat.

Les premières générations du dix-neu-
vième siècle, sous l'impulsion vigoureuse
de l'école spiritualiste et de l'école théologi-
que, ne tardèrent pas à s'écarter à la fois du
sensualisme psychologique de Destutt de
Tracy et du sensualisme physiologique du
médecin Cabanis.

III

La philosophie de Destutt de Tracy n'en
a pas moins été, comme l'avait remarqué
Guizot, la vivante incarnation des idées
philosophiques et politiques de la fin du
dix-huitième siècle.

Ne mériterait-elle pas, à ce seul titre,
d'occuper une place relativement impor-
tante dans les histoires générales de la phi-
losophie ? Cependant il n'en est rien. Kuns
Fisher oublie complètement l'auteur de l'I-
déologie ; Uebenveg fait une brève men-
tion ae la psychologie, sans parler de la
morale et de la sociologie que Destutt de
Tracy en a déduites; enfin M. Fouillée si-
gnale l'influence de la philosophie des idéo-
logues, mais il passe, sans un mot, à côté
de cette philosophie même.

De sorte que Destutt de Tracy, qui nous
apparaît chez Mignet ou chez Guizot com-

me un philosophe célèbre, comme un penseur profond, comme le dernier et le plus
brillant représentant de l'école sensualiste,
ne tiendrait en réalité, dans le mouvement
général des idées, qu'une place insigni-
fiante, en ce qui concerne la psychologie ;
nulle, en ce qui concerne la morale et la sociologie.

IV

Les attaques violentes de Napoléon et de
Chateaubriand, et le silence difficilement
explicable des historiens suffiraient peut-
être à justifier une étude consciencieuse et
impartiale de la philosophie morale et sociale du comte de Tracy. Mais il faut
ajouter deux remarques encore.

Chez Destutt de Tracy — et chez lui
seulement — on peut trouver une morale
véritablement sensualiste. Condillac, en
effet, a toujours maintenu, au-dessus de
l'expérience et du libre-examen, les principes traditionnels de la théologie catholique et de la morale chrétienne. Destutt
de Tracy, au contraire, épris de clarté et
de logique, a poussé le principe sensualiste
à ses dernières conséquences, et il a, pour
ainsi dire, déduit du Traité des sensations,

revu et corrigé, une morale et une sociologie.

Car il y a toujours, entre tel système politique et tel système philosophique, une
corrélation nécessaire. Toute religion et
toute philosophie contiennent — au moins
en puissance — un idéal social, un idéal politique, je dirai même un idéal économique.
Comme on conçoit l'homme, on conçoit la société ; et une société construite pour l'homo
œconomicus d'Adam Smith n'est évidemment pas identique à la société construite
pour l'homme de Kant ou pour l'homme de
Lamennais. On peut donc se demander si
Destutt de Tracy a pu être à la fois sensualiste et républicain, sans altérer la logique interne de son système philosophique;
ou, en d'autres termes, si l'idéal révolutionnaire de liberté, d'égalité et de fraternité a été simplement un sensualisme, ou
un utilitarisme, ou un positivisme social.
La société républicaine est-elle faite pour
l'homme du baron d'Holbach et de La
Mettrie? Questions assez graves dont nous
pouvons trouver la solution dans l'étude
de la philosophie idéologique, qui est
précisément un essai de synthèse des idées
républicaines en politique, et des idées sensualistes en morale et en psychologie; syn-

thèse analogue à celle que devait tenter plus tard le fondateur du positivisme, Auguste Comte.

Entre les éloges académiques de Guizot et de Mignet, entre le dédain systématique de Napoléon et de Chateaubriand, et l'ignorance tranquille de la postérité, n'y a-t-il pas lieu de dégager la vérité moyenne, et de montrer que la philosophie morale et sociale d'Antoine-Louis-Claude Destutt de Tracy ne mérite en somme ni cet excès d'honneur, ni cette indignité ? Nous l'avons cru ; et une étude attentive nous a prouvé que la philosophie idéologique de Destutt de Tracy — sans apporter au monde d'idées profondément originales — est cependant un des chaînons les plus importants de l'histoire des idées : Destutt de Tracy est le continuateur de Condillac et le précurseur d'Auguste Comte. Il est à la fois le dernier des sensualistes et le premier des positivistes.

PREMIÈRE PARTIE

Le développement intellectuel
de Destutt de Tracy

Les philosophes commencent par s'instruire avant d'enseigner, et par critiquer
avant de construire. Aristote fut le disciple et le critique de Platon ; Leibniz fut
le continuateur et le critique de Descartes ;
et de cette soumission intellectuelle, fécon-
dée par le libre examen, naquirent deux
philosophies profondément originales. C'est
la marche habituelle de la pensée humaine :
elle n'atteint pas d'un seul bond des som-
mets inconnus, elle ne crée rien *ex nihilo ;*
elle se développe suivant un rythme lent
ou rapide, mais toujours d'une manière
continue, et un système philosophique est
toujours en germe dans la masse souvent
hétérogène des systèmes antérieurs. C'est
pourquoi on ne comprendrait pas Aristote
sans Platon, Leibniz sans Descartes ; et Destutt de Tracy sans Locke, Condillac,

1.

Montesquieu et Voltaire. Il ne s'agit pas seulement d'une continuité abstraite et logique entre les systèmes, mais d'une continuité réelle et historique.

Pour comprendre la philosophie de Destutt de Tracy, il faut donc étudier l'histoire de son esprit, les origines de sa direction et, pour ainsi dire, les circonstances biographiques dans lesquelles il a construit son système philosophique : en fait, le mouvement des idées politiques et économiques de la fin du xviiie siècle.

Peut-être trouverons-nous alors moins étrange le développement intellectuel par lequel il s'est élevé, des conceptions religieuses et monarchiques de sa première enfance, à l'athéisme, ou, tout au moins, au positivisme de son âge mûr et de sa vieillesse. D'ailleurs la biographie de ce colonel philosophe et de ce gentilhomme républicain est intéressante par elle-même, et non seulement dans la mesure où elle est la préparation, l'explication ou le commentaire du *Traité d'Idéologie*.

CHAPITRE I
(1754-1789)

Antoine-Louis-Claude Destutt, comte de Tracy, naquit le 20 juillet 1754 (1), l'année même où parut le *Traité des sensations* de l'abbé Etienne Bonnot de Condillac.

La famille de Destutt de Tracy était d'origine écossaise ; et l'on sait que l'Ecosse est une terre presque aussi féconde en philosophes illustres que le fut la république athénienne. C'est peut-être l'influence bienfaisante et lointaine de ce « milieu » privilégié qui fit de Destutt de Tracy, descendant de soldats et soldat lui-même, un savant et un philosophe.

Le père de Destutt de Tracy servit dans les rangs de l'armée française et prit part aux campagnes du Hanovre et de Bohême. C'est à Minden, pendant une charge de cavalerie, qu'il reçut la blessure dont il devait mourir deux ans plus tard, en 1761. Au moment de rendre le dernier soupir, il

---

(1) A Paray-le-Frésil, en Bourbonnais.

fit appeler son fils, âgé de huit ans seulement, et lui dit :

« N'est-ce pas que cela ne te fait pas peur, et ne te dégoûtera pas du métier de ton père? » Les larmes aux yeux, l'enfant promit d'être soldat; nous verrons qu'il tint son serment. La comtesse de Tracy, restée veuve, se consacra complètement à l'instruction de son jeune fils. Intelligente et pieuse, elle lui donna surtout une exquise éducation du sentiment. Guizot, qui croyait impossible une morale athée, va même jusqu'à dire que cette forte éducation morale et religieuse avait seul protégé le cœur du philosophe contre le souffle desséchant des théories sensualistes. Le fait est que les impressions d'enfance sont les plus vivaces, et que l'homme garde toujours dans l'esprit et dans le cœur quelque chose de ses vieux souvenirs et de ses vieilles idées. Sans doute Destutt de Tracy songeait-il encore à sa jeunesse entourée de soins affectueux, lorsqu'il écrivait dans son *Traité d'Idéologie* :

« C'est sous les yeux des parents que doivent se passer les huit ou neuf premières années. Elles sont bien employées si l'enfant a appris à lire, à écrire, et s'il a reçu de bonnes habitudes et acquis ces heureuses dispositions d'esprit, que ne manque jamais de donner, plus ou moins, la société d'hommes qui ont une bonne éducation et des mœurs libérales. »

Destutt de Tracy a été élevé comme on élevait à cette époque la jeunesse aristocratique de France. Il apprit principalement à monter à cheval, à nager et à danser; il inventa même, dit-on, une contredanse qui porte son nom, la contredanse de Tracy. L'équitation, la danse, la natation, le jeu de paume, l'escrime et le tir au fusil laissaient cependant assez de loisirs au jeune comte de Tracy, pour qu'il pût faire d'excellentes études classiques. Il étudia Aristote, traduisit le latin de Cornelius Nepos et le grec de Plutarque. Il fréquenta l'Université de Strasbourg avant d'entrer à l'école d'artillerie de la même ville.

Etudia-t-il à cette époque la philosophie ? Nous savons par lui-même qu'il suivit à Strasbourg les cours du professeur Müller et qu'il l'entendit exposer, commenter et critiquer la philosophie de Kant et celle de Hume. Mais il semble avoir tiré peu de profit de ces premières études philosophiques, à en juger du moins par le tableau sévère qu'il trace du système d'instruction publique de son temps.

« On commençait alors, nous dit Destrutt de Tracy, par enseigner aux jeunes gens les langues anciennes et les éléments des sciences ; puis, à la fin de tout cela, on plaçait un prétendu cours de philosophie que l'on faisait consister dans quelques notions faibles et fausses, sur la physique et la métaphysique. Mais cette philosophie était reconnue si généralement comme fausse et comme inutile qu'aucun élève ne faisait même semblant de l'étudier. »

Cette éducation fit de Destrutt de Tracy un brillant cavalier et un parfait « homme du monde » dans le sens le plus élevé du mot. Suivant le vœu de son père et les nécessités de l'époque (un gentilhomme ne pouvait être que soldat ou courtisan), Destutt de Tracy choisit la carrière des armes. Il fut successivement mousquetaire du roi, commandant d'une compagnie des Dauphins-cavaliers, et, à 22 ans, colonel du régiment de Royal-cavalerie.

De temps à autre, il quittait sa garnison pour aller rendre visite à ses grands parents, à Paray-le-Frésil en Bourbonnais, où il respirait pendant quelques jours ou quelques semaines une atmosphère d'ancien régime. La grand'mère de Destutt de Tracy était la petite-nièce du grand Arnauld. Destutt de Tracy parla toujours en fort bons termes de cet illustre ancêtre, et loua les jansénistes de leur culte pour une divinité dont il ne reconnaissait pas lui-même l'existence. L'auteur de l'*Idéologie*, en effet, malgré ses idées avancées en morale et en politique, n'était nullement fanatique.

De bonne heure il s'était laissé séduire par l'esprit nouveau, et, comme le dit Guizot, il respirait à pleins poumons l'air de son temps. Il avait lu les encyclopédistes, Montesquieu et Helvétius. Comme Condorcet, il était allé rendre visite à Voltaire dans son château de Ferney, et il avait gardé de cette entrevue un souvenir qui ne devait jamais s'effacer. Voltaire fut pour Destutt de Tracy ce que Rousseau fut pour Robespierre, presque un dieu ; il lut et relut les œuvres de Voltaire; et dans les dernières années de sa vie, aveugle et malade, il se faisait encore lire les plus belles pages écrites par celui qu'il appelait, avec une vénération profonde, le héros de la raison.

CHAPITRE II

(1789-1794)

————

Il était donc acquis d'avance à toutes les réformes sociales, lorsque la Révolution éclata, le 24 janvier 1789. Destutt de Tracy fut élu député de la Noblesse aux Etats-Généraux. Il faut remarquer que les nobles qui l'avaient élu avaient rédigé, sous la forme habituelle des Cahiers, des revendications très libérales; et c'est ce qui explique comment Destutt de Tracy put manifester son zèle révolutionnaire sans trahir son mandat. Il alla un des premiers siéger avec le Tiers-Etat à l'Assemblée nationale. Il vota avec enthousiasme, dans la nuit du 4 août, l'abandon des privilèges de la noblesse. A l'Assemblée constituante, il siégea à gauche, à côté du duc de La Roche-foucault et du marquis de La Fayette, au milieu de la noblesse.

Destruction de tous les privilèges, égalité des citoyens, divorce, liberté des indi vidus, liberté de la presse, liberté du commerce, liberté du travail, suspension du traitement des prêtres, exclusion absolue et définitive des ecclésiastiques de toutes les fonctions d'enseignement et autres : tels sont les différents articles du programme républicain que Destutt de Tracy eut l'honneur de proposer ou de voter. Certains chapitres de l'œuvre principale de Destutt de Tracy, les *Eléments d'Idéologie*, jettent une vive lumière sur les intentions des rédacteurs de la Déclaration des droits de l'homme et du citoyen.

Il protesta contre l'émigration et railla sans pitié l'orgueil des émigrés, persuadés que leur départ allait jeter une perturbation considérable dans la société française.

« Il est incroyable, dit Destutt de Tracy à quel point l'amour-propre peut faire illusion, et porter à s'exagérer à soi-même son importance personnelle. J'ai vu des hommes, obligés par les troubles à quitter leurs châteaux, croire de bonne foi que tout le village allait manquer d'ouvrage, sans s'apercevoir que c'était leurs fermiers et non pas eux qui donnaient les salaires ; et se persuader sincèrement que, quand même les paysans se partageraient leurs biens ou les achèteraient à vil prix, ils n'en seraient que plus misérables (1). »

(1) *Eléments d'Idéologie*, chapitre XI, éd. 1826, p. 253, note 1.

Destutt de Tracy, ou plutôt le citoyen
Destutt-Tracy n'avait point abandonné complètement la carrière militaire pour la
politique : il se tenait prêt à marcher à la
frontière. Le ministre de la guerre, M. de
Narbonne, le nomma maréchal de camp et
lui donna le commandement de la cavalerie
du Nord. Les circonstances devaient l'empêcher de rejoindre son poste. Cependant
le nouveau maréchal de camp alla faire au
roi de France ses adieux officiels. Destutt
de Tracy, qui avait brillé si souvent aux
bals des Tuileries, fut accueilli avec une
indifférence à peine déguisée. Le roi combla
d'attentions et de recommandations un
noble qui partait pour Coblentz. Nous n'a-
vons pu retrouver la source directe de cette
anecdote. On peut dire seulement qu'elle
est vraisemblable.

La chute du roi et de la royauté le 10 août
n'étonna point sans doute le gentilhomme
républicain : il connaissait mieux que personne les faiblesses de l'ancien régime. La
foi révolutionnaire commençait à tourner
au fanatisme. Les esprits perspicaces pou-
vaient facilement pressentir les journées
tragiques de la Terreur. Le général de
La Fayette, décrété d'accusation (1), vint

(1) La Fayette fut mis hors la loi pour avoir voulu

rendre, avant de passer la frontière, une
dernière visite à Destutt de Tracy, son ami
et son subordonné. Destutt de Tracy refusa
de partir avec La Fayette et demanda pour
lui-même un congé illimité. La Fayette
partit avec quelques amis pour un pays
neutre et Destutt de Tracy vint à Paris,
puis à Auteuil, chez cette madame Helvétius
dont un homme d'esprit a dit qu'elle avait
compté les événements de sa vie par les
mouvements de son cœur.

C'est dans la maison de madame Helvétius
à Auteuil, que Franklin disait un jour au
jeune Cabanis : « A votre âge, l'âme est
en dehors ; au mien, elle est en dedans et
regarde par la fenêtre le bruit des passants
sans y prendre part. »

Destutt de Tracy ne voulut même pas
regarder par la fenêtre, et chercha dans
l'étude la paix du cœur et le repos de
l'esprit. Il écrit à cette date :

« L'étude de la nature attire tous nos
regards et elle a pour moi le mérite éminent
d'apprendre à oublier l'histoire des hommes. »

A cette époque, en effet, Destutt de

faire sortir le roi de Paris. Dans sa fuite, La Fayette
fut arrêté par les Autrichiens et enfermé dans la cita-
delle d'Olmutz. Il y resta jusqu'en 1797.

Tracy étudia l'histoire naturelle dans l'œuvre de Buffon. Il admira la noblesse et l'harmonie du style, l'exactitude de certaines descriptions ; mais l'histoire naturelle était encore trop pleine d'hypothèses pour retenir longtemps un esprit soucieux de rigueur scientifique. Buffon a essayé de décrire la faculté de penser, car, dit Destutt de Tracy, on n'a qu'une connaissance incomplète d'un animal, si l'on ne connaît pas ses facultés intellectuelles. « Je ne prononcerai pas, ajoute l'auteur de l'*Idéologie*, que cette partie de son ouvrage n'est point digne de son illustre auteur ; mais j'oserai assurer que c'est celle qui satisfait le moins le lecteur attentif et l'observateur scrupuleux (1). »

A la même époque, Destutt de Tracy commença l'étude d'une science nouvelle qui avait donné en peu de temps des résultats certains, la chimie. Il prit pour guide Fourcroy, l'auteur de la *Philosophie chimique,* et Lavoisier, dont les travaux furent malheureusement interrompus par une mort prématurée.

Comme Auguste Comte, Destutt de Tracy fut conduit à la philosophie par les

_____

(1) *Éléments d'Idéologie*, I, préface, page xiv, édition 1827.

sciences. Il nous dit lui-même que c'est
Lavoisier qui l'a mené à Locke et à Condillac ; et cette remarque n'est pas sans
importance, car elle explique la précision
véritablement scientifique, la rigueur logique et la clarté de l'auteur de l'*Idéologie*.
Un de ses biographes — c'est Mignet —
reproche même à Destutt de Tracy de n'a-
voir pas assez dépouillé le vieil homme,
c'est-à-dire le chimiste, en devenant idéo-
logue. Destutt de Tracy, en effet, s'il pense
toujours en philosophe, écrit quelquefois
en chimiste.

Au milieu de ces paisibles recherches,
il semblait devoir échapper aux jugements
sévères et expéditifs du tribunal révolutionnaire. Cependant, au bout d'un an de
retraite laborieuse, il fut déclaré suspect
d'incivisme, aristocrate et contre révolutionnaire, à la suite d'événements qui prou-
vaient au contraire, d'une manière éclatante,
sa foi républicaine. On lui réclame du jour
au lendemain cent mille francs comme cau-
tion de son orthodoxie révolutionnaire ;
Destutt de Tracy, rempli de bonne volonté,
mais incapable de trouver une somme d'argent liquide aussi considérable, offre d'a-
bandonner à la nation les revenus de ses
propriétés de l'Allier. La réponse ne se

fait pas attendre : on décerne immédiatement contre lui un mandat d'arrêt, et le
2 novembre 1793, un régiment entier com-
mandé par le général Ronsin (1) entourait
le petit ermitage d'Auteuil, s'emparait sans
coup férir du comte de Tracy et le condui-
sait à la prison de l'Abbaye (2). Destutt de
Tracy passa six semaines dans une atmosphère irrespirable, avec trois cents compa-
gnons de captivité. Il y trouva un ami. Un
jour on vit entrer dans la salle commune
un homme grave et impassible, portant une
écritoire, des plumes et du papier. Ce nouveau prisonnier, sans perdre une minute,
s'assit devant une table et se mit tranquille-
ment à écrire. C'était un magistrat et un
jurisconsulte, M. de Jollivet, auteur de
savantes études sur le cadastre de la France :
sans s'émouvoir le moins du monde des
circonstances au milieu desquelles il se
trouvait, M. de Jollivet jetait sur le papier

(1) Le général Ronsin, auteur d'une tragédie, « La
Ligue des fanatiques et des tyrans », fut choisi comme
adjoint par le ministre de la guerre Bouchotte, envoyé
en Vendée comme général de l'armée révolutionnaire.
Il commit en Vendée de telles dévastations qu'il fut
arrêté, condamné à mort, et exécuté le 24 mars 1794.

(2) La prison de l'Abbaye, prison d'État. Les 2 et
3 septembre 1792, une troupe de révolutionnaires,
conduits par Maillard, dit « Tape-dur », y massacra
164 prisonniers, dont 18 prêtres.

les grandes lignes d'un futur système hypo-
thécaire. ??

Encouragé par cet exemple, — on le serait
à moins, — Destutt de Tracy se mit à étudier avec un intérêt croissant la philosophie
empirique de Locke et la philosophie
sensualiste de son disciple Condillac.

« Locke, dit-il, est le premier des hommes qui ait tenté d'observer et de décrire
l'intelligence humaine, comme l'on observe
et l'on décrit une propriété d'un animal ou
d'un végétal, ou une circonstance remarquable de la vie d'un animal : aussi a-t-il fait
de cette étude une partie de la physique. »
Destutt de Tracy ajoute quelques lignes
plus loin :

« Quelques bons esprits ont suivi et continué Locke. Condillac a plus qu'aucun
autre accru le nombre de leurs observations,
et *il a réellement créé l'idéologie* (1). »

A vingt ans, Destutt de Tracy avait dé-
daigné la philosophie d'école et « s'était
mis simplement à considérer ses semblables » ou, comme le dit le vieux poète
Régnier,

.... à lire dans la vie
D'autres secrets plus fins que de philosophie.

(1) *Idéologie*, I, préface, page xxi, édition 1827.

A quarante ans seulement, désireux de
donner une base solide aux sciences qu'il
avait étudiées, il se tourna vers les hautes
spéculations philosophiques. Les événements tragiques qu'il avait traversés, l'ap-
proche de la vieillesse, la solitude de la
prison portaient son esprit aux réflexions sé-
rieuses ; et le résultat de ses méditations fut
tout simplement un système de philosophie.

Un incident vint interrompre un instant
les méditations du prisonnier : il changea
de prison, passant de la prison de l'Abbaye
à la prison des Carmes. Chacun attendait
avec angoisse les décisions du tribunal révolutionnaire. Enfin le 5 thermidor on commence l'appel des 45 condamnés désignés
pour l'échafaud. Le nom de Destutt de
Tracy pouvait figurer sur la liste, et cependant, sans s'émouvoir, il rédigeait sous
forme d'équations les résultats de ses inves-
tigations philosophiques. Il écrivait :

Produit de la faculté de penser, connaissance, vérité.

Dans un ouvrage auquel je travaille, je fais voir
qu'on doit ajouter à cette équation ces trois autres
membres :

Vertu, bonheur, sentiment d'aimer

et dans un troisième ouvrage, je prouverai qu'on
doit ajouter encore à ceux-ci :

Liberté, égalité, philanthropie.

C'est faute d'une analyse assez exacte qu'on n'est pas encore parvenu à trouver les déductions ou propositions moyennes, propres à rendre palpable l'identité de ces idées. J'espère prouver par le fait ce que Locke et Condillac ont fait voir par le raisonnement : que la morale et la politique sont susceptibles de démonstration.

Lorsque l'appel des condamnés fut terminé, Destutt de Tracy ajouta aux lignes qui précèdent ces quelques mots :

« A l'avenir, je partirai toujours de ce point, si le ciel me réserve encore quelque temps à vivre et à étudier. »

Il a tenu sa promesse ; et c'est pourquoi, sans doute, règne dans toute son œuvre philosophique une si merveilleuse clarté et une si belle unité de doctrine.

Ce jour-là, le 5 thermidor, Destutt de Tracy ne monta pas à l'échafaud, mais c'était seulement partie remise. En effet le tribunal révolutionnaire fixa définitivement la mort du ci-devant comte de Tracy au 11 thermidor. Il attendit avec courage, en lisant et en travaillant, le jour prochain de l'échéance. Heureusement pour notre philosophe, la chance tourne : le 9 thermidor la Convention décrète d'accusation Robespierre et ses amis, Saint-Just, Couthon,

Lebas ; et le lendemain Robespierre et
22 de ses coaccusés montaient à l'échafaud.
La Terreur était achevée et le comte de
Tracy sortit de prison en octobre 1794.

———

CHAPITRE III

(1794-1836)

Il se rendit à Auteuil, chez Mme Helvétius, et, entouré de ses amis, mena pendant de longues années la vie paisible et laborieuse du savant et du philosophe. Dans la petite maison d'Auteuil, on continuait la tradition de 1789. Destutt de Tracy y rencontrait souvent le médecin-philosophe Cabanis, l'auteur des *Rapports du physique et du moral de l'homme*. « Je me vante, lui écrivit un jour Destutt de Tracy, que votre ouvrage m'a été utile avant même qu'il fût achevé ; que vos conversations me l'ont été encore davantage et que c'est à vous que j'ai dû jusqu'au courage d'entreprendre les recherches auxquelles je me suis livré, et jusqu'à l'espérance qu'elles pourraient avoir quelque utilité. Aussi les succès que j'ambitionne le plus, c'est que mon ouvrage puisse être regardé comme une conséquence du vôtre, et que vous-même n'y voyiez qu'un corollaire des principes que vous avez

exposés. Un pareil résultat serait extrê-
mement avantageux non seulement pour
moi, mais pour la science elle-même,
qui, dès lors, se trouverait replacée sur ses
véritables bases : car si je mérite cet éloge,
l'intention de Locke est remplie ; sa grande
idée est réalisée ; et suivant son désir,
l'histoire détaillée de notre intelligence est
enfin une portion et une dépendance de la
physique humaine (1). »

Destutt de Tracy rencontrait encore chez
Mme Helvétius : Volney, l'auteur des *Ruines
et du Catéchisme du citoyen*, vice-prési-
dent du Sénat conservateur, et comte de
l'Empire ; Garat, le « jacobin malgré lui »,
qui lut à Louis XVI la sentence de mort ;
Chenier, l'auteur de *Tibère*, « proscrit pour
ses discours, proscrit pour son silence » ;
Daunou, secrétaire perpétuel de l'Académie des Inscriptions et Belles-lettres,
oratorien avant d'être philosophe ; d'autres
encore, anciens révolutionnaires devenus
comtes de l'Empire ou retirés de la vie
politique (2).

(1) Lettre au sénateur Cabanis, 1er floréal an XIII.
Idéologie, 3e partie, I, p. v-x.
(2) Destutt de Tracy et ses amis collaboraient à la
Décade, journal philosophique du temps. « On y impri-
me, dit M. Brunetière (*Manuel de l'Hist. de la Litt. franç.*,
p. 398) les pires polissonneries du citoyen Parny. » Les

Ils faisaient presque tous partie de la
section de l'Institut national, qui portait
depuis 1795 le nom d'Académie des Sciences morales et politiques. Ils se rencon-
traient aussi dans une maison de la rue du
Bac, et commencèrent même à tracer le
plan d'un complot contre le Gouvernement
impérial. Fouché fut averti, Cabanis l'apprit, et l'idée du complot fut définitivement abandonnée.

C'est à cette époque que Destutt de
Tracy commença à développer, dans sept
mémoires, le système philosophique qu'il
avait brièvement résumé dans la journée
tragique du 5 thermidor. Ces mémoires
eurent un retentissement extraordinaire;
revus et corrigés par leur auteur, ils
devinrent les *Éléments d'Idéologie*, et c'est
sous cette forme que nous les étudierons.

Destutt de Tracy, fatigué de la vie
publique et des combats politiques, désirait
avant tout le repos du corps et de l'esprit.
On le vit bien le jour où Bonaparte, jeune
et ambitieux, cherchant à s'entourer d'hommes actifs et intelligents, lui fit offrir le
grade de maréchal de camp dans l'armée
collections de la *Décade* sont intéressantes à consulter :
elles fournissent des renseignements précieux sur
l'histoire des idées pendant la Révolution, qui font
oublier les vers érotiques du chevalier de Parny.

1···

d'Egypte. Destutt de Tracy demanda deux jours de réflexion et refusa.

Membre et secrétaire du Comité de l'Instruction publique, il continua à écrire et à parler librement. Dans les six circulaires consacrées à l'esquisse d'une réorganisation de l'enseignement public, il conseille de donner aux enfants une éducation philosophique ou idéologique plus complète. Il veut qu'on leur enseigne la grammaire générale, la logique, la science de la formation des idées ; et, d'une manière générale, qu'on substitue à l'instruction traditionnelle purement littéraire, une instruction vraiment scientifique et philosophique. C'est la vieille querelle des anciens et des modernes en matière d'instruction publique. Nous aurons l'occasion de l'étudier plus longuement dans notre chapitre sur la philosophie pédagogique de Destutt de Tracy.

L'Académie des Sciences morales et politiques, animée aux yeux de l'empereur d'un « mauvais esprit », suspecte à bon droit d'indépendance, fut supprimée. Un certain nombre de républicains avaient accepté le 18 Brumaire : en particulier Daunou, par admiration pour l'œuvre législative considérable de Napoléon. L'auteur

du Code leur avait fait oublier le despote ;
ils reconnurent un peu tard leur erreur.
Mais je ne crois pas qu'on puisse — malgré
les apparences — accuser les idéologues de
trahison politique. Destutt de Tracy resta,
comme membre du Sénat conservateur, ce
qu'il avait été comme député aux Etats-
Généraux. Destutt de Tracy est un « mo-
déré ». Il essaie de tirer parti de tous les
régimes, sans abandonner pour cela ses
convictions républicaines, très nettes et très
solides. Il ne croit pas à la supériorité
absolue de telle forme politique sur telle
autre. Il a dit nettement, dans son *Commentaire de l'Esprit des lois*, que toutes les
formes politiques sont bonnes à un certain
moment, et dans un certain milieu.

Destutt de Tracy écrivit le *Commentaire
de l'Esprit des lois* en 1806, sans le publier
en français. Il l'envoya à Jefferson, troisième président des Etats-Unis. Jefferson
voulut le traduire lui-même, et le livre du
philosophe français, publié sans nom d'auteur, eut un succès immense en Amérique.
En 1815, dans un voyage en terre améri-
caine, Dupont de Nemours le lut, le rap-
porta en France et en recommanda vivement la lecture à son ami Destutt de
Tracy. Destutt de Tracy répondit avec un

sourire qu'il ne savait pas l'anglais. Dupont de Nemours insista et promit de traduire lui-même le livre en français. Destutt de Tracy, ouvrant alors un tiroir, tendit à son ami étonné le manuscrit original du *Commentaire*.

Napoléon n'aimait pas les idéologues. Il les appelait volontiers « misérables métaphysiciens », « nébuleux philosophes ». Métaphysicien, Destutt de Tracy, qui a écrit: « La métaphysique est un des arts d'imagination » ! Nébuleux philosophe, Destutt de Tracy, qui est parfois superficiel par excès de clarté !

Dans un accès de sincérité, l'empereur dit un jour à Daunou, qui refusait la place de conseiller d'Etat:

« Les hommes sont pour moi des instruments, dont je me sers à mon gré... J'aime peut-être deux ou trois personnes: ma mère, mon frère Joseph, ma femme. — Moi, répondit Daunou, j'aime la République », et prudemment il s'esquiva.

Le grand crime des idéologues fut en effet d'aimer la République, de la regretter et de la désirer. On sent le caractère politique de la haine de Napoléon pour les idéologues dans la réponse qu'il fit à une Adresse du Sénat, au retour de la campagne de Russie (1). Comme le dit ironiquement Guizot dans son *Histoire du Consulat et de l'Empire* :

« On était allé compromettre follement en Russie l'armée française ; avec l'armée française, le trône impérial ; et, ce qui était pis, la grandeur de la France ; on revenait vaincu, humilié, et c'était la philosophie qui avait tort ! »

Elle n'eut pas tort longtemps. Le 3 avril 1814, Destutt de Tracy votait la déchéance de l'empereur. Louis XVIII rentra à Paris « dans les fourgons de l'étranger » et Destutt de Tracy devint membre de la Chambre des pairs. Il reprit le titre de Comte, qu'il avait abandonné avec enthousiasme le 4 avril 1789 ; mais il combattit les excès de la Terreur blanche de 1815 comme il avait combattu les excès de la Terreur rouge en 1793.

Depuis la mort du médecin Cabanis, Destutt de Tracy avait abandonné ses travaux philosophiques : « Ma vie est finie... », disait-il. Le *Traité de la Volonté* fut son dernier ouvrage : il n'eut pas même le courage d'en rédiger complètement le chapitre final.

(1) Nous en avons cité le passage essentiel dans notre Avant-propos, page 3.

Il accueillit presque avec indifférence la
révolution de 1830. Vieux, un abat-jour
vert sur les yeux, une canne à la main,
Destutt de Tracy s'en alla faire, en costume
de ville et en bas noirs, une promenade
autour des barricades. Il savait en effet, en
toute occasion, garder le sang-froid le plus
parfait et la promptitude de la décision.
Se sentant devenir aveugle, il fit amener
un jour une voiture, y monta et se fit
conduire chez le célèbre oculiste Wenzel.
Wenzel l'opéra de la cataracte et Destutt
de Tracy revint à pied chez lui, « ses
cristallins dans sa poche », comme dit
Guizot.

Destutt de Tracy mourut à 82 ans,
entouré de l'affection des siens et des
regrets de ses collègues. Guizot le remplaça
à l'Académie française, où lui-même avait
succédé à son ami Cabanis.

Pour la vie, pour l'histoire où j'ai vécu
passablement, s'écrie Michelet, j'y vois à
chaque instant les choses retournées à
l'envers : des spiritualistes qui vont prier
Dieu chez Fanchon, et des matérialistes qui
donnent leur vie pour une idée. Destutt de
Tracy est un de ces matérialistes-là. Ceux
qui ne veulent point admettre qu'un matérialiste puisse vivre en honnête homme

et en bon citoyen l'ont remarqué avec étonnement. « Il a servi avec amour l'humanité, qui, si elle n'était pas ce qu'il a vu en elle, n'aurait nul titre à tant de dévouement. » C'est l'opinion de Guizot. Un autre des biographes de Destutt de Tracy, Damison, fait ressortir avec insistance la contradiction singulière, à son avis, entre la vie généreuse du philosophe et les doctrines sensualistes, qui privent l'homme de l'idéal religieux et lui rendent impossible de savoir s'il y a un Dieu et une âme immortelle. Les esprits religieux font aujourd'hui le même reproche à la philosophie positive d'Auguste Comte. Les sensualistes et les positivistes n'ont fait à proprement parler qu'accentuer le caractère social du devoir. Faire son devoir pour le chrétien, c'est obéir à la volonté divine. Faire son devoir pour le sensualiste et pour le positiviste, c'est servir l'humanité. L'homme de devoir n'est pas, aux yeux des positivistes, l'ermite qui cherche à gagner le ciel par le jeûne et les macérations (les moines mendiants sont quelquefois des saints, ils sont toujours des inutiles ou des parasites) ; c'est le citoyen qui travaille, dans la mesure de ses forces, à une œuvre scientifique, industrielle, commerciale ou littéraire, utile à son pays et à l'humanité. La morale de Destutt de Tracy est nécessairement plus « *altruiste* » que la morale traditionnelle du spiritualisme et du catholicisme, parce qu'elle est surtout une *morale sociale*. En vivant en honnête homme et en bon citoyen, Destutt de Tracy n'a fait que suivre à la lettre les préceptes de la morale sensualiste, telle qu'il l'a interprétée. La vie de Destutt de Tracy est une illustration de sa philosophie. Elle montre que la morale utilitaire n'est pas nécessairement la morale des égoïstes.

Guizot parle avec étonnement de ce jeune officier et de cet homme du monde brillant, qui devint tout à coup un penseur profond et original. Pourquoi cet accent d'étonnement ? On peut retrouver facilement, en étudiant la vie de Destutt de Tracy, le philosophe chez le soldat et le danseur chez le philosophe. Destutt de Tracy, mousquetaire du roi, lisait Helvétius et les encyclopédistes. Destutt de Tracy, membre de l'Institut, ne croyait pas déchoir en célébrant, dans un long et spirituel mémoire, l'utilité de la danse. A vingt ans, il allait en pèlerinage au château de Ferney ; et à quatre-vingts ans, il se faisait encore lire les œuvres de Voltaire, le « héros de la raison ». La continuité de cette admiration est assurément le meilleur gage de sa fidélité à un même idéal philosophique et politique.

Les amis de Destutt de Tracy l'avaient surnommé Têtu de Tracy. L'entêtement du philosophe n'était à vrai dire que de la suite dans les idées. On peut dire de Destutt de Tracy ce qu'un historien disait récemment de Taine : ses œuvres ne sont que les points de repère d'un système et non les étapes d'une pensée qui évolue. Le manuscrit de la prison des Carmes ne fut pas pour Destutt de Tracy comme l'amulette de Pascal, le souvenir d'une crise intellectuelle, car il n'y a pas eu de crise dans le développement des idées de Destutt de Tracy. Il a vécu sa philosophie avant de l'écrire, ou en l'écrivant.

C'est pourquoi, en étudiant la vie de Destutt de Tracy, nous avons donné la meilleure des introductions à l'exposé de ses théories morales et politiques.

DEUXIÈME PARTIE

La philosophie morale et sociale
de Destutt de Tracy

Dans la philosophie de Destutt de Tracy, nous ne voulons retenir que la partie relative aux questions morales et aux questions sociales. Au dix-huitième siècle les esprits, pressés par les événements, n'avaient ni le loisir ni le désir de chercher la solution des grands problèmes métaphysiques. L'étude de l'être en tant qu'être, les théories sur l'existence et les attributs de Dieu, les controverses sur les points les plus ardus de la théologie catholique, la querelle des « nominaux et des universaux » paraissaient d'un médiocre intérêt à ceux qui commençaient à percevoir les sourds grondements d'une révolution prochaine. Ce n'était pas le temps de vivre dans la solitude égoïste d'une tour d'ivoire. La « chose publique » prenait le pas sur la métaphysique dans les préoccupations des esprits philosophiques. On

sentait que quelque chose de grand allait
naître. Voltaire disait en 1764, dans une
lettre aux marquis de Chauvelin : « Tout ce
que je vois jette les semences d'une révolution, qui arrivera immanquablement, et
dont je n'aurai pas le plaisir d'être le
témoin. Les Français arrivent tard à tout,
mais enfin ils arrivent. La lumière s'est
répandue tellement de proche en proche
qu'à la première occasion elle éclatera, et
alors ce sera un beau tapage. Les jeunes
gens sont bien heureux : ils verront de
belles choses. » Destutt de Tracy vit de
belles choses.

Les Rousseau, les Voltaire, les Diderot,
les Mably furent les initiateurs de ce mouvement en avant. Destutt de Tracy fut
seulement un des auteurs du drame révolutionnaire, et il continua, sous la Restaura-
tion et sous l'Empire, la tradition de 1789.

La philosophie sociale de Destutt de
Tracy comprend une partie politique et
une partie économique. Tels sont bien en
effet les deux éléments essentiels de l'idéal
révolutionnaire. La Révolution a été en
même temps une crise politique et une crise
économique ; elle a été la protestation de la
conscience publique contre un régime de
despotisme ; mais elle a d'autre part modi-

fié profondément le régime économique de la France. Nous trouvons chez Destutt de Tracy l'expression de cette double tendance.

On a dit souvent que le grand mérite de la Révolution était d'avoir fondé son idéal politique sur une connaissance parfaite de la nature humaine. Elle a pris les hommes tels qu'ils sont et non tels qu'ils devraient être (1). Elle a laissé le champ libre à l'égoïsme humain. En donnant comme fondement à sa philosophie sociale une étude psychologique de l'homme (2), Destutt de Tracy restait dans la tradition révolutionnaire.

C'est pourquoi — avant d'entrer dans l'étude proprement dite des idées sociales et économiques de Destutt de Tracy — nous croyons nécessaire de donner un bref aperçu de sa méthode philosophique, et des résultats auxquels il a été conduit par l'examen scientifique de nos idées, de notre volonté, et de nos sentiments.

(1) Il est vrai qu'on a dit aussi le contraire.

(2) *Idéologie. — Traité de la Volonté et de ses effets.* — Avertissement, p. x.

« .... voulant réellement placer les sciences morales et politiques sur leur vraie base, la connaissance de nos facultés intellectuelles, il était nécessaire de commencer par considérer notre faculté de vouloir sous tous ses aspects. »

CHAPITRE I

LA MÉTHODE PHILOSOPHIQUE ET LA PSYCHOLOGIE

La pensée de Destutt de Tracy — nous en avons déjà fait la remarque — est toujours claire et précise, si claire qu'elle semble parfois un peu étriquée. Elle a les défauts de ses qualités ; mais on sait toujours exactement ce que Destutt de Tracy a voulu dire, qualité précieuse chez un philosophe: « je me flatte qu'on me comprendra assez, dit-il dans une préface (1), pour que je sois approuvé, si j'ai raison, ou refuté en connaissance de cause, si j'ai tort ». Dans l'édition de l'*Idéologie* de 1804, Destutt de Tracy expose son intention de faire suivre l'*Idéologie* d'un « extrait raisonné propre à montrer l'enchaînement des idées et à en faire sentir le faible, si elles étaient mal fondées ou mal suivies. Or c'est là mon principal objet, car on ne peut désirer d'être approuvé qu'autant que l'on a raison (1) ».

(1) *Idéologie*, préface de l'édition de 1804 (page XXXIII, édition 1827).

Destutt de Tracy a véritablement le style du savant : il en a aussi la méthode.

I. — *Méthode déductive et métaphysique.*
— Destutt de Tracy a manifesté à maintes reprises sa méfiance pour la méthode déductive, qu'il appelle « la folie de vouloir deviner a priori et par la vertu d'une maxime générale composée d'avance » (2). Pour Destutt de Tracy, la métaphysique ne fait pas partie de la philosophie. La métaphysique a pour objet de rechercher la nature de notre âme, la fin et le principe de toutes choses, de deviner l'origine et la destination du monde; et non pas de découvrir la source de nos connaissances, leur certitude et leurs limites. La métaphysique est un « art d'inauguration » (3) destiné à nous satisfaire et non à nous instruire. Le philosophe doit oublier les suppositions gratuites des spiritualistes et les rêves de la philosophie platonicienne, qui brouillent encore beaucoup de têtes, en les transportant au-delà des bornes du connu, pour les faire errer jusqu'aux limites du possible. Il doit avoir le courage d'ignorer ce qui est et même de

(1) *Idéologie*, préface de l'édition de 1801 (page xv, éd. 1827).
(2) *Idéologie*, introduction, page 8, note 1 (*id.*).
(3) *Idéologie*, préface, p. xxi (*id.*).

chercher à le deviner. Se borner à admirer
et à célébrer la nature, comme les poètes,
est stérile. Vouloir la deviner, lui supposer
des causes et des origines, comme les métaphysiciens, est dangereux : c'est une source
inépuisable d'erreur et d'égarement.

Nous ne connaissons que nos perceptions.
Elles sont tout pour nous. Nous n'existons
que par et dans ces perceptions. Elles sont
les modes de notre existence. Nos perceptions sont nécessairement justes dès qu'elles
sont bien enchaînées : en effet, puisqu'elles
naissent les unes les autres, à mesure que nous
remarquons les caractères qui leur appartiennent, les dernières ne peuvent pas être
plus erronées que les premières. Par la
même raison, elles sont conformes à l'existence réelle des êtres qui les causent,
puisque les premières nous viennent directement de ces êtres, et constituent pour nous
toute leur existence. Nous sommes donc
toujours sûrs de ce que nous sentons : la
cause unique de nos erreurs est l'imperfec-
tion de nos jugements. Bien juger *c'est ne
voir dans nos perceptions que ce qui est
dans nos perceptions* : c'est en cela que
consistent la raison et le bon sens (1).

(1) *Idéologie*. De la logique, 1re partie, chap. VI, p.
271, 291.

II. — *L'Idéologie.* — L'idéologie est une science, la science de nos idées, de nos volitions, de nos sentiments. Elle recherche le comment des choses, sans en chercher le pourquoi. Elle est descriptive plus encore qu'elle n'est explicative. L'idéologie est une partie de la zoologie (1). On n'aurait qu'une connaissance incomplète d'un animal si on laissait de côté ses facultés intellectuelles. L'homme s'est occupé d'agriculture, de politique, de médecine, de guerre avant de s'occuper de philosophie. Lorsqu'il fait un retour sur lui-même, et commence à réfléchir, il prescrit des règles à son jugement, c'est la logique ; à ses discours, c'est la grammaire ; à ses désirs, c'est la morale (2). Il ne s'aperçoit pas d'abord que ces trois opérations : juger, parler, vouloir, ont une source commune, et que le centre de toutes les vérités, en matière de législation et d'éducation, est la connaissance de ses facultés intellectuelles. « Cette maxime si célèbre dans l'antiquité, qu'on l'avait crue digne d'être gravée sur le frontispice du temple d'Apollon, « *nosce te ipsum*, connais-toi toi-même », me paraît le plus admirable précepte que l'on ait jamais pu

(1) *Idéologie.* I, préface, pages XVIII-XIX.
(2) *Id.*, p. XX.

2·

donner aux hommes. Il est également propre
à diriger nos études et notre conduite, nos
actions et nos méditations (1). »

Pour se connaître lui-même, l'homme doit
observer et étudier l'intelligence humaine
« comme il observe et décrit les propriétés
d'un animal ou d'un végétal ou une circonstance remarquable de la vie d'un animal » (2). Locke a le premier suivi cette méthode. Condillac a continué Locke. Mais les
ouvrages de Condillac, malgré l'excellence
de sa méthode et la sûreté de son jugement,
ne sont presque que des morceaux détachés.
Il ne nous a donné nulle part un corps de
doctrine complète. Destutt de Tracy se
propose d'y suppléer et de faire « une des-
cription exacte et circonstanciée » de nos
facultés intellectuelles, de leurs principaux
phénomènes, et de leurs effets les plus
remarquables. Il espère de cette façon être
utile à l'avancement de la science et à l'enseignement. « Sur ce dernier point toutefois,
dit-il, je pourrais bien m'être trompé : car
je crois que....., sous prétexte de haïr les
écarts de la Révolution, on déclare la guerre
à tout ce qu'elle a produit de bon. Il

(1) *Idéologie*. De la logique. Lettre au sénateur
Cabanis, p. v.
(2) *Idéologie*. I, préface, page xx.

semble que ce soit déjà un usage gothique parmi nous que de cultiver sa raison et de l'affranchir du joug des préjugés (1). »

L'idéologie est donc une science par sa méthode et par son but. La méthode est la méthode d'observation, rigoureusement appliquée. Son but est la connaissance de l'intelligence humaine. L'idéologie rejette la métaphysique hors du domaine de la philosophie. Elle est, en un mot, l'histoire naturelle de l'esprit humain. Elle est entièrement psychologique. Elle fait de la psychologie le centre des sciences physiques, morales et politiques.

Qu'est-ce que penser ? C'est éprouver des manières d'être, des impressions, des modifications dont nous avons la conscience, et qui peuvent être comprises sous la dénomination générale d'idées et de perceptions.

Qu'est-ce que les perceptions et les idées ? Des choses que nous sentons. On pourrait les nommer des « sensations » ou des « sentiments » en prenant ces deux expressions dans leur sens le plus large. Penser, c'est toujours sentir quelque chose. Penser, en un mot, c'est sentir.

Nous avons des idées ou perceptions de quatre espèces différentes. Je sens que je

(1) *Id.*, XXIX-XXX.

me brûle actuellement : c'est une sensation. Je me rappelle que je me suis brûlé
hier : c'est un souvenir. Je juge que c'est
tel corps qui est cause de ma brûlure : c'est
un jugement. Je veux écarter de moi ce
corps : c'est un désir.

La faculté spéciale de penser renferme
quatre facultés élémentaires appelées :
1° moralité, 2° mémoire, 3° jugement, 4° volonté.

La faculté de sentir des sensations s'appelle sensibilité ; la faculté de sentir des
souvenirs, mémoire : la faculté de sentir
des rapports, jugement ; la faculté de sentir ses désirs, volonté (1).

III. — *La faculté de vouloir.* — La psychologie de la volonté est, chez Destutt de
Tracy, *la préface nécessaire de l'économie
politique et de la morale.* On ne peut étudier celles-ci avant d'étudier celle-là. De
la faculté de vouloir naissent, en effet, nos
besoins et nos moyens, les idées de richesse
et de dénuement, de droits et de devoirs,
de justice et d'injustice, lesquelles viennent
de l'idée de propriété, laquelle dérive elle-
même de l'idée de personnalité.

Qu'est-ce donc que la faculté de vou-

(1) *Idéologie*, I, chapitre premier.

loir (1) ? Elle n'est pour Destutt de Tracy qu'un mode et une conséquence de la faculté de sentir. Plus précisément elle est cette admirable faculté de *sentir des désirs*. La volonté est la conséquence de nos jugements et de notre sensibilité proprement dite. La volonté a toujours pour rôle essentiel de transformer les idées en actes. Mais les actes sont nécessairement en fonction des idées et des désirs. La volonté est condition de l'action, elle n'en est pas la cause efficiente. Elle n'est pas libre d'agir ou de ne pas agir. En d'autres termes, la volonté est « déterminée » par les jugements et les sensations. D'où il résulte : 1° que la seule façon d'empêcher la volonté de s'égarer, c'est de rectifier le jugement qui la détermine ; 2° que nous ne pouvons agir librement, car il n'y a pas d'action dont nous ne soyons moins les maîtres que de sentir ou de ne pas sentir un désir.

Il faut entendre dans le sens le plus large la définition de la volonté : « La volonté est réellement et proprement la faculté générale et universelle de trouver une chose préférable à une autre, celle d'être affecté de manière à aimer mieux telle impression, tel sentiment, telle pos-

(1) *Id.*, chapitre II, p. 13, 14, 15.

session, telle action que telle autre. Aimer
et haïr sont des mots uniquement relatifs à
cette faculté, et qui n'auraient aucune signi-
fication, si elle n'existait pas ; et son action
a lieu toutes les fois que notre sensibilité
éprouve une attraction ou une répulsion
quelconque (1). » Aucun être vivant n'est
indifférent à toutes ces perceptions (2).
Certaines perceptions lui paraissent ce qu'on
appelle agréables, et certaines autres. ce
que l'on appelle désagréables. « Or c'est là
ce qui constitue la faculté de vouloir. »

Ceci posé, comment la faculté de vouloir
produit-elle les idées de personnalité et de
propriété (3) ?

Tout homme qui prononce le mot *moi*
entend parfaitement ce qu'il veut dire, et
néanmoins il réussit fort mal à le définir
et à l'expliquer. Le moi se distingue du
corps et des quatre facultés élémentaires.
Se distingue-t-il également de la faculté
générale de sentir ? Non. La faculté de sentir est *tout* pour nous ; elle est la même
chose que nous. « Je sens parce que je sens,
je sens parce que j'existe, et j'existe parce

(1) *Idéologie*, I, chapitre V.
Id., *Traité de la Volonté et de ses effets*, introduction,
éd. 1826.
(2) Introduction, p. 6.
(3) *Id.*, p. 9.

que je sens. Donc mon existence et ma sensibilité sont une seule et même chose ; ou, s'il l'on veut, l'existence du moi et la sensibilité du moi sont deux êtres identiques ». C'est le fait seul de la sensibilité qui nous donne l'idée de la personnalité. Nous disons indifféremment : Il dépend de moi ou il dépend de ma volonté. Nous devrions dire : Il dépend de ma faculté générale de sentir, dont la volonté n'est qu'une des parties. La sensibilité se retrouve au fond de toutes les conceptions du moi ou de la personne.

L'idée d'individualité ne naîtrait pas sans la faculté de vouloir. La sensation et le sentiment peuvent bien nous donner l'idée de l'*existence* du moi, mais non pas l'idée d'individualité *opposée* à d'autres êtres et *distincte* d'eux. L'idée de personnalité est donc une création de notre faculté de vouloir. Voilà pourquoi nous identifions et confondons de préférence notre moi et notre volonté, encore que la faculté de sentir établisse à elle seule l'existence de ce moi.

L'idée de personnalité — à la rigueur — pourrait naître chez un être sensible sans volonté ; il n'est pas moins impossible qu'elle n'y fasse pas naître l'idée de propriété. Dès que l'individu connaît nettement son moi..., nécessairement il sait aussi que « ce moi est propriétaire » (1) exclusif du corps qu'il anime, des organes qu'il meut, de toutes leurs facultés, de toutes leurs forces, de tous les effets qu'ils produisent, de toutes leurs passions et leurs actions.

L'idée de propriété naît dans l'être sensible, par cela seul qu'il est susceptible de passion et d'action, et elle y naît parce que la nature l'a doué d'une propriété inévitable et inaliénable, celle de son individu. C'est cette propriété naturelle et nécessaire, qui est la racine de la propriété artificielle et conventionnelle. « L'homme ne crée rien de nouveau et d'extra-naturel, si l'on/peut s'exprimer ainsi ; il ne fait que faire des combinaisons et tirer des conséquences de ce qui est. » De la faculté de sentir et de la faculté de vouloir naît l'idée de personnalité ; de l'idée de personnalité naît à son tour l'idée de propriété. La propriété a sa source dans un fait naturel et nécessaire. La propriété étant un fait, il ne dépend pas de nous de faire qu'il y ait ou qu'il n'y ait pas de propriété dans le monde.

« Le tien et le mien n'ont jamais été inventés ; ils ont été reconnus le jour où on a pu dire toi et moi, et l'idée de moi et toi,

(1) *Id.*, p. 16.

ou plutôt de moi et autre que moi, est née
sinon le jour même où un être sentant a
éprouvé des impressions ; du moins celui
où, en conséquence de ces impressions, il a
éprouvé le sentiment de vouloir, la possibilité d'agir, qui en est la suite ; et une résistance à ce sentiment et à cet acte (1). »

Il y a une propriété fondamentale, antérieure et supérieure à toute institution. En
d'autres termes, pour Destutt de Tracy, le
fondement de la propriété est d'ordre psychologique. L'homme naît propriétaire.
C'est une vérité qu'on ne peut nier sans méconnaître les « vraies conditions de notre
être ». C'est une observation qui réduit à
néant « les déclamations qui n'ont pour base
que l'ignorance de notre véritable existence » (2). Destutt de Tracy fait sans doute
allusion aux théories socialistes de Grac-
chus Babeuf, qui réclamait l'abolition de
la propriété et le partage des terres entre
tous les citoyens pauvres. Destutt de Tracy
n'est pas socialiste.

La célèbre formule chrétienne : Aimez
votre prochain comme vous-même est en
contradiction avec les tendances naturelles
de l'humanité. C'est comme si l'on disait :

(1) *Id.*, p. 18.
(2) *Id.*, p. 19.

Avec vos yeux, tels qu'ils sont, voyez votre
visage comme vous voyez celui des autres.
Il est impossible d'aimer une autre personne
comme soi-même ; il faudrait pour cela
vivre de sa vie comme de la nôtre. Cela
n'a point de sens pour des êtres constitués
comme nous. L'homme naît égoïste, comme
il naît propriétaire. La « nature intime »
de l'homme s'oppose à ce qu'il aime les
autres comme lui-même. Destutt de Tracy
n'est pas chrétien.

Aimez-vous les uns les autres, et la loi est
accomplie, dit un autre précepte. Celui-là,
s'écrie Destutt de Tracy, est vraiment admirable ; il est conforme à notre nature ;
il exprime parfaitement une vérité très profonde. Les sentiments « bienveillants » sont
en effet le moyen universel de diminuer
tous nos maux, et d'accomplir la grande loi
de notre bonheur. L'amour du prochain est
à proprement parler une forme intelligente
de l'égoïsme.

De ces deux maximes, l'une manifeste la
plus profonde ignorance, l'autre la plus parfaite connaissance de la nature humaine. La
première mène à faire le « roman » de
l'homme, l'autre à en faire « l'histoire » (1).

Ainsi, dans le principe, la question mo-

(1) *Id.*, 21.

rale de la propriété de nos facultés, de nos sentiments, de notre individu, et la question économique de la propriété de toutes nos richesses, sont intimement unies. Toutes les formes de la propriété dérivent inévitablement du sentiment de notre personnalité. Demander la substitution de la propriété commune à la propriété individuelle, c'est demander s'il ne serait pas désirable que nous fussions tout autres que nous sommes ; ou même c'est chercher s'il ne serait pas mieux que nous ne fussions pas du tout ; car, ces conditions-là changées, notre existence ne serait pas concevable ; elle ne serait pas altérée, elle serait anéantie (1). »

De la faculté de vouloir naissent tous nos besoins et tous nos moyens (2). Tout désir ou toute volonté est un besoin ; tout besoin est une souffrance, et tous nos besoins ne sont que le besoin de « satisfaire un désir ». On peut dire en thèse générale que nos désirs sont la source de tous nos besoins.

Le sentiment de vouloir a une seconde propriété, celle de diriger nos actions ; par là même, il est la source de nos moyens. Nos actions soumises à notre volonté sont

(1) *Id.*, 22.
(2) *Id.*, § III.

les souls seuls moyens de satisfaire nos besoins.

Du jour où l'homme a été créé être sensible et ayant des membres et des organes, il a été condamné au travail. « Quand on supposerait qu'une matière alimentaire est tombée dans notre bouche, toute préparée, encore faudrait-il, pour l'assimiler à notre substance, que nous la mâchions, que nous l'avalions, que nous la digérions. » Le travail est la loi de l'humanité.

De la faculté de vouloir naissent aussi les idées de richesse et de dénuement (1). Être riche, c'est posséder les moyens de satisfaire ses besoins ; être pauvre, c'est être dénué de ces moyens. Tous les biens nous viennent d'un emploi judicieux de nos facultés. « Nous ne trouvons fréquemment un diamant que parce que nous le cherchons avec intelligence. » Le travail est notre seule richesse originaire.

De la faculté de vouloir naissent encore les idées de liberté et de contrainte (2). La liberté est la puissance d'exécuter sa volonté, d'agir conformément à son désir. La liberté n'est pas, pour Destutt de Tra-

(1) *Id.*, § IV.
(2) *Id.*, § V.

cy, la possibilité de vouloir ou de ne
pas vouloir ; c'est le pouvoir d'exécuter
ce que nous voulons. Destutt de Tracy
prend le mot de liberté dans le sens
positif, économique, politique, et non dans
le sens métaphysique. L'être sensible ne
peut vouloir sans motif. Sa volonté est la
conséquence de ses sentiments, de ses
sensations et de ses idées ; elle est « déterminée ». La véritable liberté, c'est la liberté d'agir, d'exécuter nos désirs. Elle
est le premier des biens : car la liberté est
le pouvoir de satisfaire nos besoins et nos
désirs ; et le besoin ou le désir satisfaits
constituent le plaisir ou le bonheur. Par
la vie en société, l'homme augmente la
masse totale de puissance, et par suite de
liberté, qu'il possède.

Enfin, de la faculté de vouloir naissent
les idées de droits et de devoirs (1). Tout
être voulant et sentant a le droit de satisfaire ses désirs et d'apaiser ses besoins. Un
être incapable d'action aurait des droits
mais pas de devoirs. Un être isolé aurait
des droits et un seul devoir, celui de bien
employer ses moyens pour la satisfaction
de ses besoins. L'idée de droit naît de
l'idée de besoin. Elle est antérieure à l'idée

(1) *Id.*, 48.

de devoir. On peut avoir des droits sans devoirs, on ne peut avoir des devoirs sans droits. L'idée de devoir naît de l'idée de moyen. Il n'y a qu'un devoir, c'est d'employer nos moyens à la satisfaction de nos besoins. L'homme en société doit, ou captiver, ou subjuguer la volonté des êtres sentants et voulants qui vivent avec lui. Il peut et il doit employer, suivant les cas, la violence ou la persuasion, sans autre considération que de produire l'effet qu'il désire. Mais la vue des êtres sentants et voulants lui inspire le besoin de sympathiser avec eux, partant le devoir de satisfaire ce besoin nouveau, le devoir d'aimer son semblable.

Entre l'esprit de violence et l'esprit de sacrifice il faut chercher un juste milieu. Nous avons le droit de vivre : il nous est impossible de ne pas faire souffrir ou mourir un grand nombre d'êtres animés, pour conserver notre propre existence. Le besoin naturel de sympathie et de commisération nous défend d'autre part de faire le mal pour le mal : l'indifférence devant la douleur est le propre des êtres dénaturés. La véritable règle que nous observons dans nos relations avec nos semblables est (1) que nos droits sont toujours sans bornes

(1) *Id.*, 56.

ou, du moins, égaux à nos besoins ; et que nos devoirs ne sont jamais que le devoir général de satisfaire nos besoins.

La justice et l'injustice naissent seulement le jour où l'homme conclut des conventions formelles ou tacites. Auparavant les droits de l'un ne font rien aux droits de l'autre : la convention est le fondement de toute justice. L'état de paix, fondé sur les conventions, succède non pas précisément à l'état de guerre, mais à l'état d'*étrangeté* (1) entre les hommes. « Il me semble prouvé, dit Destutt de Tracy, que de notre faculté de vouloir naissent les idées de droits et de devoirs ; que de nos besoins naissent tous nos droits ; que de nos moyens naissent tous nos devoirs ; que nous avons toujours autant de droits que de besoins, et le devoir unique de pourvoir à ces besoins ; que les besoins et les droits des autres êtres sensibles, soit d'une autre espèce, soit de la nôtre, ne font rien aux nôtres ; que nos droits ne commencent à être restreints qu'au moment de la naissance des conventions ; que notre devoir général n'est pas changé pour cela au fond, mais seulement dans la manière de le remplir, et que c'est à cet instant seul que com-

(1) *Id.*, p. 58.

cent le juste et l'injuste proprement dits (1). »

La faculté de vouloir est donc, en dernière analyse, la racine des concepts économiques et moraux de propriété, de richesse, de droit, de liberté et de justice.

La philosophie de Destutt de Tracy nous apparaît jusqu'ici comme une philosophie déterministe et utilitaire : elle est aussi une philosophie athée. Destutt de Tracy, fidèle à la méthode scientifique, n'a pas même voulu *poser* les grands problèmes métaphysiques de l'existence de Dieu et de l'immortalité de l'âme (2). Je ne me souviens pas d'avoir trouvé une seule fois le mot de Dieu dans l'œuvre entière du philosophe. Destutt de Tracy, élevé dans une famille chrétienne, ne semble pas avoir connu les angoisses du doute. Il écrit fièrement dans la préface de l'édition de 1804 : « J'avoue simplement que je crois être arrivé à la vérité, et qu'il ne me reste aucun embarras dans l'esprit sur les questions que j'ai traitées. Mes réflexions postérieures. mes travaux subséquents, et les conséquences que j'ai tirées des premières données, ont également confirmé

(1) *Id.*, p. 60-61.
(2) *Idéologie*, I, p. XII. — Préface.

mes opinions ; et c'est avec une sécurité
entière que je me crois assuré de la solidi-
té des principes que j'ai établis après beaucoup d'hésitations et d'incertitudes (1). »

La philosophie de Destutt de Tracy
comprend trois sections :

I. Histoire de nos moyens de connaître.

II. Application de nos moyens de connaître à l'étude de notre volonté et de ses
effets.

III. Application de nos moyens de connaître à l'étude des êtres qui ne sont pas
nous.

La première est une psychologie de nos
idées, de nos sensations, de nos jugements,
de nos volitions : elle contient en outre
une grammaire et une logique. L'idéologie
proprement dite est, dans l'esprit même

(1) Extrait d'une lettre de Mᵐᵉ de Staël à Destutt de
Tracy — citée par Larousse :

« Vous me dites que vous ne me suivrez pas dans le
ciel, ni dans les tombeaux. Il me semble qu'un esprit
aussi supérieur que le vôtre, et qui est déjà détaché de
tout ce qui est matériel, par la nature même de
ses recherches, doit un jour se plaire dans les idées
religieuses. Elles complètent tout ce qui est sensible,
et sans cet espoir, il me prendrait je ne sais quelle
invisible terreur de la vie comme de la mort, qui bou-
leverserait mon imagination. »

Les idéologues ne sont pas des hommes de sentiment, dit M. Brunetière (*Manuel de la Litt. franç.*,
p. 398). Ils sont hostiles à la poésie du christianisme et
pour ainsi dire « contre-fanatisés ».

2··

de Destutt de Tracy, l'introduction nécessaire aux sciences physiques, morales et
politiques. C'est pourquoi nous avons cru
devoir donner un aperçu de la philosophie
idéologique proprement dite, avant d'entrer
dans l'exposé de la philosophie sociale et
morale de Destutt de Tracy.

Nous verrons d'ailleurs que cette philosophie morale et sociale a été, pour ainsi
dire, déduite de la philosophie psychologique. Bien plus, nous verrons que la sociologie et la morale de Destutt de Tracy ont
encore un caractère essentiellement psychologique.

La deuxième section des *Eléments d'Idéologie* renferme trois parties :

1° De nos actions ou traité de la volonté.

2° De nos sentiments ou morale.

3° De la direction des unes et des autres
ou législation.

La première est un traité d'économie
politique. La seconde est une psychologie
du sentiment. La troisième, qui est restée à l'état de projet, devait contenir
un traité pratique de morale et de politique. Le *Commentaire sur l'Esprit des
lois* et le petit opuscule de 1798 sur les
Moyens de fonder la morale d'un peuple

nous fourniront sur les idées de Destutt de Tracy des lumières suffisantes pour combler cette importante lacune. Le mémoire sur les *Moyens de fonder la morale d'un peuple* est antérieur au *Traité de la Volonté*; mais nous avons eu déjà l'occasion de faire remarquer l'unité et la cohérence logique de la pensée philosophique de Destutt de Tracy. Il est resté fidèle jusqu'à son dernier jour au programme philosophique du 5 thermidor.

CHAPITRE II

LE TRAITÉ DE LA VOLONTÉ :
ÉCONOMIE POLITIQUE

L'économiste n'a pas à s'occuper d'être vivant à l'état isolé. L'homme ne peut exister ainsi ; cela est prouvé par le fait et confirmé par le raisonnement. « Nous sommes faits de telle façon que nous avons tous un penchant naturel à sympathiser, c'est-à-dire, que nous éprouvons tous du plaisir à faire partager nos impressions, nos sentiments, nos affections, et à partager ceux de nos semblables (1). » La sympathie n'est pas moins mutuelle chez l'homme que l'égoïsme. De plus, il est impossible que nous ne nous apercevions pas de l'utilité que nous pouvons tirer du secours de nos semblables, de leur assistance dans nos besoins, du concours de leurs volontés et de leurs forces avec les nôtres. *L'état social est l'état naturel de l'homme.*

On peut voir la société sous deux aspects :

(1) *Idéologie.* — *Truité de la Volonté*, 1ʳᵉ parlie, chap. Iᵉʳ.

sous l'aspect économique, et sous l'aspect
moral. Destutt de Tracy ne veut pas examiner comment la société développe, multiplie et complique toutes nos passions
et affections, ni quels sont les devoirs
qu'elle nous impose ; ni d'où naît pour nous
l'obligation fondamentale de respecter les
conventions sur lesquelles elle repose, et
sans lesquelles elle ne peut subsister.
Il veut étudier seulement la société
au point de vue économique.

Or, qu'est-ce que la société au point de
vue économique ? La société est *purement
et simplement une série continuelle d'é-
changes.* C'est là le plus bel éloge qu'on
puisse en faire, car l'échange est « une
transaction dans laquelle les deux contrac-
tants gagnent toujours tous deux » (1).
Tout homme, avant d'entrer dans la société, a tous les droits et pas de devoirs. Mais
les hommes ne peuvent vivre sans des
conventions formelles ou tacites : chacun
renonce à une certaine manière d'employer
ses forces, et reçoit en retour le même sacrifice de la part des autres. Cette convention est un véritable échange.

On peut ranger en trois classes les relations économiques entre les hommes qui

(1) *Id.,* p. 68.

2...

vivent en société : elles consistent soit à
troquer une marchandise contre une autre ;
soit à rendre un service pour un salaire ;
soit à exécuter un ouvrage en commun.
Dans cette dernière hypothèse, chacun
fait alors aux autres le sacrifice de ce
qu'il aurait pu faire pendant ce temps-là
pour son utilité particulière. Il échange une
manière d'occuper son temps contre une
autre plus avantageuse. Un bienfait même
est encore un échange dans lequel « on sa-
crifie une portion de sa propriété ou de son
temps pour se procurer un plaisir moral
très vif et très doux, celui d'obliger, ou pour
s'exempter d'une peine très affligeante :
la vue de la souffrance ; absolument comme
l'on emploie quelque argent pour se donner un feu d'artifice qui divertit, ou pour
éloigner de soi quelque chose qui incommode » (1).

Toutes les fois que l'homme fait librement
un échanque quelconque, il désire davantage ce qu'il reçoit que ce qu'il donne, et
inversement, celui avec lequel il traite désire plus ce qu'on lui offre que ce qu'il vend.
« Quand je donne mon travail pour un salaire, c'est que j'estime plus ce salaire que

(1) *Id.*, p. 70.

ce que j'aurais pu faire en travaillant pour moi-même (1). »

Le bien général, le progrès social sont la conséquence de cette foule innombrable de petits avantages particuliers. Ils sont le secret de la « prodigieuse puissance qu'acquièrent les hommes réunis, tandis que, séparés, ils peuvent à peine soutenir leur misérable existence » (2). Le commerce est toute la société, comme le travail est toute la richesse. La multiplicité des échanges a trois effets remarquables:

1° Le travail de plusieurs hommes réunis est plus fructueux que celui de ces mêmes hommes agissant séparément.

2° Dans la société, les connaissances acquises par les uns ne tardent pas à profiter à tous les autres, car il est plus facile d'apprendre que d'inventer.

3° Quand plusieurs hommes travaillent

(1) *Id.*, p. 70. — L'observation est très juste. Mais il faut remarquer que dans l'organisation économique actuelle, issue de la Révolution française, l'ouvrier salarié, en choisissant entre le salaire et « ce qu'il aurait pu faire pour lui-même », choisit en dernière analyse entre travailler et ne rien faire. Car l'ouvrier, ne possédant pas d'instruments de travail, ne peut vivre qu'en vendant son travail à l'entrepreneur qui les possède. Tout *non-propriétaire* ne peut être qu'un *salarié.* C'est une question de vie ou de mort pour lui.

(2) *Id.*, p. 77.

les uns pour les autres, chacun peut se livrer
à l'occupation pour laquelle il a le plus
d'avantages, soit par ses dispositions naturelles, soit par le hasard des circonstances.

Les trois grands bienfaits de la société
qui résultent de l'échange sont : le concours
des forces ; l'accroissement et la conservation des lumières ; en troisième lieu la division du travail.

On ne trouve pas chez Destutt de Tracy
d'idées économiques vraiment originales.
Il a pris son bien partout où il l'a trouvé :
chez Turgot ou chez Adam Smith, chez le
docteur Quesnay ou chez « Monsieur Say,
l'auteur du meilleur livre que l'on connaisse
sur ces matières ». Destutt de Tracy a
adopté, en général, les solutions de l'économie politique orthodoxe, optimiste et libé-
rale. Le développement industriel, au commencement du XIXᵉ siècle, ne permettait pas
encore d'apercevoir les conséquences nécessaires d'un régime économique, fondé sur
le principe du « Laissez faire, laissez passer », je veux dire la concentration des
capitaux et la formation du quatrième état
constitué par le prolétariat industriel. Si
Karl Marx était né en 1754, il n'aurait pas
écrit le *Capital*.

Le seul mérite de Destutt de Tracy a

été d'exposer avec simplicité et clarté la science économique, telle que la concevaient les hommes de 1789.

I. — *La formation des richesses.* — Comment se forment nos richesses ? Elles se forment par des transmutations et des changements de formes et de lieux Nous ne créons rien. Nous ne faisons qu'approprier à notre usage les êtres et les choses. « Produire, c'est donner aux choses une utilité qu'elles n'avaient pas. Quel que soit notre travail, s'il n'en résulte point d'utilité, il est infructueux; s'il en résulte, il est productif (1). »

L'agriculture n'est pas plus productive que l'industrie. Dans l'agriculture et dans l'industrie, il y a production d'utilité, c'est-à-dire production de richesse.

« Lorsque je mets quelques graines en contact avec l'air, l'eau, la terre, et différents engrais, de manière que du concours et des combinaisons de ces éléments il résulte du blé, du chanvre ou du tabac, il n'y a pas plus de création opérée, que quand je vais prendre le blé de ce grain pour le convertir en farine et en pain; le filament de ce chanvre pour en faire successivement

(1) *Id.*, chap. II, p. 82.

du fil, de la toile et des vêtements ; et les feuilles de tabac, pour les préparer de façon à pouvoir les fumer, les mâcher ou les prendre par le nez. Dans l'un et l'autre cas, il y a production d'utilité (1). » L'industrie agricole ne diffère en rien des autres branches de l'industrie humaine. Une ferme est une manufacture ; un champ est un outil.

Toute la classe laborieuse — industriels, agriculteurs ou commerçants — mérite le nom de productive. Il n'y a qu'une classe stérile, celle des oisifs « qui ne font rien que vivre ce que l'on appelle noblement ». Les oisifs sont les vrais « frelons de la ruche » (2).

Les richesses se forment par la produc-

(1) *Id.*, p. 82.

(2) L'affirmative a été défendue par le docteur Quesnay, le chef de l'école des physiocrates, mort en 1474 : « Pendant que l'artisan travaille, que le philosophe médite, que le marchand fait voyager la richesse, que l'artiste s'occupe à charmer notre vie, ne faut-il pas qu'ils subsistent ? Et d'où leur viennent les moyens de subsistance, sinon de la terre ? La terre nourrit donc ceux qui ne la cultivent pas, avec l'excédent laissé disponible par la nourriture de ceux qui la cultivent. Donc cet excédent, ce produit net, sert à solder tous les travaux de l'industrie, du commerce et de l'intelligence Le propriétaire, possesseur du produit net, voilà le vrai dispensateur des largesses de la nature, le distributeur des biens de la terre, le suprême caissier de l'industrie. »

tion d'utilité? Quelle est maintenant la mesure de « l'utilité »? Comment peut-on déterminer les degrés de l'utilité? Par l'échange : « Si, pour obtenir une chose quelconque, je me dispose à donner trois mesures de blé ; et si, pour en obtenir une autre, je suis prêt à me détacher de douze mesures pareilles, il est évident que je désire cette dernière quatre fois plus que l'autre (1). »

Le travail est une richesse, notre seule richesse primitive. Il a donc une valeur, ou plutôt deux valeurs : 1º une valeur conventionnelle et artificielle, que l'opinion générale attache aux choses à tort ou à raison ; 2º une valeur naturelle et nécessaire, qui est la somme des besoins indispensables, dont la satisfaction est nécessaire à l'existence même du travailleur.

Si la valeur conventionnelle est inférieure à la valeur naturelle, le travailleur doit changer d'industrie ou « s'éteindre » (2). Si la valeur conventionnelle est égale à la valeur naturelle, le travailleur subsiste avec peine. Si la valeur conventionnelle est supérieure à la valeur naturelle, le travailleur s'enrichit, s'il est économe.

(1) *Id.*, p. 90.
(2) *Id.*, p. 92.

La valeur conventionnelle et artificielle
a sa source dans la valeur naturelle et
nécessaire, comme la propriété proprement
dite a sa source dans la propriété psychologique et physiologique de l'individu par
lui-même. *Les concepts sociaux ne sont,
pour Destutt de Tracy, que le prolongement dans la société des traits distinctifs
de la nature humaine.*

La valeur conventionnelle varie au gré
des besoins et des moyens de l'acheteur et
du vendeur, du consommateur et du producteur; le prix vénal résulte de « différentes
circonstances » et du balancement de la résistance des vendeurs et des acheteurs. Le
prix vénal est la mesure de la valeur des
choses et de l'utilité du travail qui les produit (1).

L'industrie a pour but la production
d'utilité. Il y a deux grandes branches de
l'industrie : le changement de forme ou
industrie fabricante, le changement de
lieu ou industrie commerçante. Il y a trois

(1) *Id.*, p. 93. — Destutt de Tracy ajoute en note :
« Les marchands savent bien que pour prospérer,
il n'y a pas d'autre moyen que de rendre la marchandise agréable, et à portée des gens riches. Pourquoi les
nations ne pensent-elles pas de même ? Elles ne riva-
liseraient que d'industrie et ne s'imagineraient pas de
désirer l'appauvrissement de leurs voisins ; elles
seraient heureuses. »

fonctions distinctes dans l'industrie : la théorie, l'application, l'exécution. La théorie est le fait du savant, l'application celle de l'entrepreneur, et l'exécution celle de l'ouvrier. Pour vivre, ils ont besoin d'un salaire, mais, avant de commencer à recevoir ce salaire, ils ont besoin d'avances plus ou moins considérables. Ces avances constituent ce que l'on appelle des capitaux, et ce que Destutt de Tracy nomme « des économies, excédent de la production de ceux qui nous ont précédés sur leur consommation » (1).

Ces capitaux ne sont pas tous égaux, et c'est ce qui donne naissance aux *trois* classes de travailleurs qui coopèrent à toute fabrication : les savants, les ouvriers, les entrepreneurs. Chacun s'élève à celle à laquelle il a pu parvenir. Il y a par suite diversité dans les salaires. Le salaire du savant est élevé, « si ses connaissances sont d'une utilité immédiate » (2).

L'ouvrier n'a que ses bras à offrir ; il sera toujours réduit au moindre prix, qui pourra s'élever un peu si l'on demande plus de travail qu'on n'en offre ; mais qui tombe

(1) *Idéologie. — Traité de la Volonté*, première partie, chapitre IV, p. 90.
(2) *Id.*, p. 101.

au-dessous du nécessaire, s'il se présente plus de travailleurs qu'on n'en peut employer. « C'est dans ce cas-là qu'ils s'éteignent par l'effet de leur détresse (1). »

Le savant et l'ouvrier, celui qui conçoit et celui qui exécute, sont et « seront toujours » (2) à la solde de l'entrepreneur. Ainsi le veut « la nature des choses » (3). Le salaire du savant et de l'ouvrier est payé par l'entrepreneur. Quelle sera la récompense de l'entrepreneur ? D'après Destutt de Tracy, le bénéfice de l'entrepreneur dépend uniquement de la quantité d'utilité qu'il aura produite et fait produire : « Si, ayant acheté pour 100 francs de choses quelconques ; et si, ayant dépensé cent autres francs à les changer de forme, il arrive que ce qui sort de sa fabrique paraisse avoir assez d'utilité pour que l'on veuille bien lui donner 400 francs pour se le procurer, il a gagné 200 francs ; si on ne lui offre que 200 francs, il a perdu son temps et sa peine ; si on ne lui offre que

(1) *Id.*, p. 101. On reconnaît à cette expression l'optimisme coutumier de l'économie politique orthodoxe. L'idée n'est pas venue à Destutt de Tracy que l'on pouvait échapper aux conséquences rigoureuses de la loi de l'offre et de la demande par une organisation rationnelle de la production.

(2) *Id.*, p. 101.

(3) *Id.*, p. 101.

100 francs il a perdu la moitié de ses fonds (1). » Le bénéfice de l'entrepreneur est constitué par la différence entre le coût de production 'matières premières, salaires, de l'ouvrier et du savant) et le prix vénal de l'objet produit.

Il y a antagonisme d'intérêts — et Destutt de Tracy a su le faire ressortir avec force — « entre l'entrepreneur et les salaires, d'une part; et l'entrepreneur et les consommateurs, de l'autre. Il y a antagonisme encore parmi les salariés entre eux, parmi les entrepreneurs du même genre, parmi les entrepreneurs de différents genres ; puisque c'est entre eux tous que se partagent plus ou moins inégalement les moyens de la masse des consommateurs ; et enfin antagonisme parmi les consommateurs eux-mêmes, puisque c'est entre eux tous que se partage la jouissance de toute l'utilité produite (2) ». C'est le régime de la libre concurrence, de la lutte universelle ; et les hommes finissent toujours « par implorer l'appui de la force » et « par provoquer des règlements prohibitifs, pour gêner ceux qui leur nuisent dans cette lutte universelle ». La lutte de classes et la lutte

(1) *Id.*, p. 102.
(2) *Id.*, p. 103.

intestine des membres de chacune de ces classes ; la guerre économique de chacun contre tous, et de tous contre chacun : voilà les conséquences nécessaires du régime de la concurrence et du libre-échange. Destutt de Tracy les a nettement aperçues et, s'il n'a pas conclu par un réquisitoire sévère contre la liberté du travail, c'est qu'il a cru que les ouvriers et les entrepreneurs, les producteurs et les consommateurs, les acheteurs et les vendeurs, avaient un *intérêt commun*, l'intérêt du *consommateur*. Les trois classes des ouvriers, des savants et des entrepreneurs font partie de la classe unique des consommateurs. C'est la liberté qui est leur sauve-garde ; et leur intérêt est l'intérêt universel 1). Les travaux les plus nécessaires sont aussi les travaux les plus mal payés. L'ouvrier y perd, en tant qu'ouvrier, mais il y gagne, en tant que consommateur. « A quel prix reviendrait le blé, si tous ceux qui sont employés à sa production étaient payés aussi chèrement que ceux qui travaillent pour les arts de luxe les plus recherchés (2) ? »

Les profits des entrepreneurs de culture

(1) *Id.*, p. 104.
(2) *Id.*, p. 105.

sont très faibles, parce que l'industrie agricole est une industrie de première nécessité. Il y aura toujours, par conséquent, peu de capitaux employés à la culture. Les gens riches qui achètent des terres ne se proposent pas généralement de les faire valoir eux-mêmes : ils louent les terres à un entrepreneur de culture et touchent l'intérêt de leur capital foncier, — sans s'occuper si son emploi a porté à l'entrepreneur perte ou profit. Il est plus facile à l'entrepreneur de louer des terres que de les acheter, sous cette restriction que cela resserre leurs profits et rend leur existence plus précaire : il est toujours dangereux de faire une grande partie de ses affaires avec les fonds des autres (1).

Les propriétaires qui afferment sont des prêteurs. Leur intérêt est complètement étranger à l'intérêt de l'agriculture. Ils font exactement le même service que les prêteurs d'argent et les usuriers (2). On porte aux grands propriétaires « un amour et un respect superstitieux » (3). Cela est absurde. Ils ne sont que des spéculateurs et des parasites, et non des cultivateurs.

(1) *Id.*, p. 110.
(2) *Id.*, p. 111.
(3) *Id.*, p. 111.

L'agriculture est le premier des arts sous le rapport de la nécessité : on ne peut vivre sans manger. Il est un des derniers sous le rapport de la richesse : mettez d'un côté 20.000 hommes qui fabriquent des montres, et de l'autre, 20.000 hommes occupés à la culture du blé ; supposez qu'ils trouvent les uns et les autres le débit de la marchandise et voyez quels seront les plus riches ? Genève fabrique des montres et la Pologne produit du blé (1). Il ne faut pas confondre nos moyens de subsistance et nos moyens d'existence. Nos moyens de subsistance sont les matières alimentaires. Nos moyens d'existence sont le profit ou le salaire que nous gagnons par notre travail. A l'aide de ce salaire nous pouvons nous procurer facilement des subsistances. Le Genevois, avec les profits qu'il réalise sur les montres qu'il fabrique, a de quoi acheter tout le blé de la Pologne : il a de grands moyens d'existence. Le Polonais, obligé de livrer son blé à vil prix, fournit à peine à ses autres besoins : il a de grands moyens de subsistance. Il faut donc distinguer soigneusement les moyens d'existence et les moyens de subsistance (2).

(1) *Id.*, p. 127, 128.
(2) *Id*, p. 128.

En résumé la profession agricole est une profession très nécessaire et très ingrate : c'est pourquoi il faut la favoriser.

Le commerce (1) n'est pas moins utile que l'industrie. Commerce et Société sont une seule et même chose. Le commerçant n'est ni un parasite, ni un incommode. Il s'interpose entre le producteur et le consommateur, dans l'intérêt même du producteur et du consommateur. Au même titre que l'industriel et l'agriculteur, le commerçant est un producteur d'utilité. Sans le commerce, chaque canton, chaque nation seraient obligés de se suffire à eux-mêmes, et de faire produire par exemple du blé à un terrain qui convient aux vignobles, ou du vin à un terrain qui convient à la culture du blé. Le commerce établit une communication active et facile entre les différents pays et entre les différents cantons d'un même pays. Le commerçant opère les changements de lieu. « Je sais que cette explication semble niaise et écrite pour des enfants, car des hommes ne sont pas supposés ignorer des faits si communs et des vérités si triviales. Cependant cette vérité triviale en démontre une autre très

(1) *Idéologie.* — *Traité de la Volonté,* première partie, chapitre V.

contestée : c'est que quiconque produit de l'utilité est producteur, et que le commer-merçant c'est tout comme ceux à qui on a voulu donner exclusivement ce titre (1). » Mais, dit Destutt de Tracy, les commer-çants ne sont pas plus indispensables au commerce que la monnaie. Il y a un com-merce sans commerçants: le producteur peut se mettre directement en rapport avec le consommateur, au grand profit de l'un et de l'autre (2).

De même il y a un commerce sans mon-naie (3). Le commerce peut exister et existe jusqu'à un certain point sans mon-naie. On peut donner du blé pour du foin, du foin pour du bois, du bois pour du vin ; mais cela est très incommode. Les métaux précieux, facilement divisibles, de valeur à peu près constante, sont devenus la com-mune mesure de tous les échanges. Il ne peut y avoir qu'une commune mesure

(1) *Id.*, p. 136, 137.

(2) Nous connaissons aujourd'hui le moyen de mettre directement en rapport le producteur et le consomma-teur: la coopérative de consommation est, suivant l'expression de Destutt de Tracy, un véritable com-merce sans commerçants. La coopération généralisée équivaut à la suppression des intermédiaires. La pre-mière coopérative de consommation fut organisée en 1814 par Robert Oven. Destutt de Tracy semble avoir ignoré cet essai.

(3) *Id.*, chapitre VI, p. 138.

des échanges. A l'époque de Destutt de Tracy, cette commune mesure est l'argent; l'or est trop rare, les autres métaux trop communs. La proportion de l'or à l'argent varie suivant le temps et le lieu.

L'argent n'est pas un signe, il est une valeur. Diminuer la quantité de métal à laquelle répondent les dénominations de sous, livres, deniers, c'est voler. La monnaie de papier constitue un vol plus grand.

L'argent est une valeur, comme toute chose utile; on doit donc pouvoir le louer, comme on loue une maison, ou comme on afferme une terre. Le change consiste à donner la monnaie d'un pays en échange de la monnaie d'un autre pays. Le rôle du banquier est « de faire trouver dans une autre ville l'argent que vous lui remettez dans celle où il est ».

De l'étude des questions économiques (2), il résulte, selon Destutt de Tracy :

1º Que la propriété, avec toutes ses conséquences, est une suite *inévitable* de notre nature ;

2º Que l'emploi de nos forces, dirigé par

(1) *Id.*, Extrait raisonné, p. 344.
(2) *Id.*, chap. III.

notre volonté, est notre seule richesse primitive et le principe unique de la valeur de tout ce qui en a une pour nous;

3° Que l'état social est l'état naturel de l'homme, et que nous ne pouvons exister autrement;

4° Que les industriels, les agriculteurs et les commerçants sont, les uns comme les autres, des *producteurs*, puisque toute l'industrie humaine se réduit à des changements de formes et à des changements de lieux.

Telles sont les circonstances importantes de la formation des richesses. Comment s'opère leur distribution entre les individus (1) ?

II. — *La distribution des richesses.* — Prise en masse, l'espèce humaine est riche et puissante; elle voit chaque jour s'accroître ses ressources et ses moyens d'existence; mais il n'en est point de même des individus.

Les richesses humaines sont insuffisantes; de plus, elles sont inégalement réparties. Cela est inévitable. La propriété et l'inégalité sont dans la nature. Cette inégalité na-

(1) *Id.*, chap. VIII.

turelle ne fait que s'étendre et se manifester, à mesure que nos moyens se développent et se diversifient. L'inégalité sociale
est le prolongement dans la société de
notre inégalité naturelle ; comme la propriété conventionnelle est le prolongement
de la propriété naturelle de l'individu par
lui-même ; comme la valeur conventionnelle des choses est le prolongement de leur
valeur naturelle.

La société n'est en quelque sorte, pour
Destutt de Tracy, que l'image agrandie
de la nature humaine.

Les hommes naissent égoïstes, propriétaires et inégaux. Il est donc impossible de
bannir de la société la concurrence, la propriété et l'inégalité, sans changer en même
temps les caractères essentiels de la nature
humaine. Comme on ne peut changer
l'homme, on ne peut changer la société. Ce
qui est dans la nature ne peut être changé
par l'art. Le seul effet d'un ordre social
fondé sur la communauté des biens serait
d'établir l'égalité de misère et de dénuement, en éteignant l'activité de l'industrie
personnelle.

L'inégalité est une condition de notre
nature, comme la souffrance et la mort.
L'inégalité n'est pas un bien, mais elle est

un mal nécessaire (1), il faut donc s'y sou-
mettre. Chaque individu doit avoir la libre
disposition de ses facultés. Chaque individu
dispose, comme il l'entend, dans les limites
légales, de ses propriétés individuelles.
L'hérédité, moyen d'acquérir sans travail,
est un mal, mais un mal nécessaire.

Le régime du salariat (2) apparaît dès
que la société a occupé tout l'espace dont
elle peut disposer. Les gens qui n'ont pas
d'économies se mettent à la solde de ceux
qui en ont de suffisantes. Ils offrent du
travail de toutes parts.

« Ceux dont les services sont moins recherchés deviennent aussi malheureux que s'ils
étaient encore sauvages (3). » Cette classe
disgraciée de la fortune n'est pas une classe
de non-propriétaires. Tout homme est propriétaire, ne serait-ce que de son individu,
de son travail et du salaire de ce travail.
« Le filou même, que l'on va punir pour
avoir violé le droit de propriété, a intérêt
à ce que ce droit soit respecté (4). »

(1) L'expression de « mal nécessaire » revient fréquemment sous la plume des économistes classiques.
La concurrence, le salariat, l'inégalité, les crises industrielles sont des maux nécessaires. Des maux peut-
être. Mais pourquoi nécessaires ?
(2) Le mot n'est pas employé par Destutt de Tracy.
(3) *Id.*, chap. VIII, p. 180.
(4) *Id.*, chap. VIII, p. 181.

Il est faux d'appeler propriétaires seulement les possesseurs de fonds de terre. Il est ridicule d'appeler propriétaire le possesseur d'un méchant enclos, et de refuser ce titre à un millionnaire. Il serait plus raisonnable de diviser la société en pauvres et en riches ; mais où placer la ligne de démarcation ?

Une distinction plus réelle est celle des salariés et des entrepreneurs. Elle conduit sans doute à ranger dans la même classe un journalier et un ministre d'Etat, « mais enfin il est certain que tous les salariés ont intérêt d'être payés cher, et tous ceux qui les emploient ont intérêt de les payer bon marché » (1).

Il est au moins singulier que les gouvernements modernes (2) soient toujours prêts à sacrifier les salaires et les consommateurs à l'intérêt de l'entrepreneur, en accordant à celui-ci privilèges et monopoles.

Il faut remarquer que nous ne pouvons former de groupes constamment ennemis. Chacun de nous peut être à la fois salarié et entrepreneur, salarié et propriétaire.

De plus, tous les hommes sont solidaires en ce sens qu'ils ont tous et toujours inté-

(1) *Id.*, p. 182.
(2) *Id.*, p. 182. Destutt de Tracy est mort en 1836.

rêt : 1° à ce que la propriété soit respectée;
2° à ce que que l'industrie se perfectionne.
En d'autres termes, les hommes sont réunis
par les intérêts communs et immuables des
propriétaires et des consommateurs.

Lorsqu'il y a partout plus d'offre de travail qu'il n'y a de demande, il est inévitable qu'un certain nombre de travailleurs ne
trouve pas d'ouvrage; il faut nécessairement
que beaucoup d'eux languissent et même
périssent; il faut nécessairement qu'il existe
un grand nombre de misérables. Comme
l'inégalité, le chômage et le paupérisme
sont pour Destutt de Tracy des maux nécessaires. Chez les nations les plus heureusement placées, l'état de pleine prospérité
est nécessairement transitoire (1).

Tout événement inévitable a sa cause
dans la nature. Quelle est la cause de la
misère ? Destutt de Tracy répond, comme
Malthus : la fécondité de l'espèce humaine.
L'homme est entraîné à la reproduction par
un besoin impérieux et violent. Destutt de
Tracy ne partage ni le zèle des moralistes
qui veulent diminuer ou gêner nos plaisirs,
ni celui des hommes politiques qui veulent
accroître la fécondité et accélérer la multi-
plication des hommes. Il veut s'appuyer

(1) Id , chap. VII, p. 187.

sur une donnée incontestable : toutes les fois que les circonstances lui sont favorables, la race humaine se multiplie rapidement. Pourquoi est-elle ou stationnaire ou rétrograde dans certains pays, même très fertiles? Parce que les moyens d'existence sont insuffisants. En thèse générale, la population est toujours proportionnée aux moyens d'existence (1). Les faits le démontrent suffisamment.

Chez les peuples sauvages, la population est stationnaire : pourquoi? Parce que leurs moyens d'existence sont très faibles. Chez les peuples civilisés, la population augmente : pourquoi? Parce que les peuples civilisés ont les ressources qui manquent aux autres. Les nations industrielles ou agricoles, comme les Etats-Unis, la Belgique, la Lombardie, la Russie voient leur population croître rapidement. La Pologne est peuplée et stationnaire, parce que ses habitants sont serfs et misérables. L'Espagne a peu d'habitants relativement à son étendue : elle commençait à faire des progrès sensibles, parce qu'on était parvenu à débarrasser son industrie de quelques entraves et à accroître un peu ses lumières.

(1) Id., chap. IX, p. 190.

Il est donc bien prouvé par le fait, comme
par le raisonnement, que la population est
toujours proportionnée aux moyens d'existence. Il est absurde, comme l'a dit M. Say,
de prétendre influer sur la population par
des encouragements directs, par des lois
ou par des primes accordées aux familles
nombreuses. On a raison de se moquer des
ordonnances d'Auguste ou de Louis XIV.
Au contraire, le moindre règlement nuisible à l'industrie peut et doit diminuer le
nombre des hommes.

Chez les nations civilisées, la population
est toujours trop grande pour le bonheur
des hommes ; les pauvres, c'est-à-dire le
plus grand nombre, se multiplient toujours
imprudemment et sans prévoyance ; ils se
plongent eux-mêmes dans une misère inévitable Destutt de Tracy croit pouvoir conclu-
re, avec M. Say, qu'il est absurde de croire
qu'on peut augmenter la population autrement qu'en augmentant ses moyens d'existence ; avec M. Malthus, qu'il est barbare
de chercher à l'augmenter, puisqu'elle est
toujours trop grande. L'intérêt des hommes
est donc de diminuer les effets de leur
fécondité (1).

L'humanité, la justice et la politique

(1) *Id.*, p. 197.

veulent que, de tous les intérêts, celui du pauvre soit toujours le plus consulté et le plus constamment respecté ; et par pauvres, il faut entendre les salariés, en particulier ceux dont le travail est le moins payé. Nous disons quelquefois qu'il est de l'intérêt de certains entrepreneurs d'acheter à bon marché les matières premières, et de l'intérêt de quelques autres de les vendre cher ; c'est une question de simples convenances. Au contraire, lorsque nous parlons de l'intérêt du pauvre, « il s'agit presque toujours de la possibilité de son existence ou de la nécessité de sa destruction, c'est-à-dire de sa vie ou de sa mort » (1).

En second lieu, la dernière classe de la société est toujours la plus nombreuse : lorsqu'elle se trouve en opposition d'intérêt avec les autres classes, « c'est toujours ce qui est utile qui doit être préféré ». Enfin, l'extension que peut prendre la dernière classe de la société détermine la limite de la population totale ; si cette dernière était trop malheureuse, il n'y aurait ni industrie, ni lumières, ni activité, ni véritable force nationale, ni même tranquillité intérieure bien assurée. L'intérêt du pauvre est toujours conforme à l'intérêt général. L'inté-

(1) *Id.*, chap. X, p. 204.

rêt de la classe ouvrière se confond avec
l'intérêt même de la société.

Le pauvre — comme tous les hommes —
est propriétaire et consommateur.

Il a intérêt à ce que la propriété soit respectée. Il a intérêt direct à la conservation
de ce que possèdent les autres. Par propriété, il faut entendre la propriété personnelle, comme la propriété mobilière et
immobilière. Le pauvre doit avoir la libre
disposition de ses facultés et de leur emploi.

Après la libre disposition de son travail,
le plus grand intérêt du pauvre est que ce
travail soit chèrement payé.

Les classes supérieures de la société dé-
sirent que les salaires soient le plus bas possible, avec une telle fureur qu'elles emploient
même la violence pour atteindre ce but,
lorsque la loi le permet, et qu'elles préfèrent
le travail des esclaves ou des serfs, parce
qu'il est à meilleur marché. Elles ne manquent pas de dire que leur intérêt se confond avec l'intérêt général. Il est plus vrai
de dire que l'intérêt de la société est au
contraire conforme à l'intérêt de la classe
pauvre. Les nations les plus riches sont les
nations où le travail est le mieux payé. Com-
parez, dit Destutt de Tracey, les Etats-Unis

du Nord et les Etats-Unis du Sud. Dans les Etats-Unis du Nord, le prix de la main-d'œuvre est presque excessif : l'industrie y est pleine de vigueur et de prospérité. Dans les Etats-Unis du Sud, on emploie des esclaves, l'espèce de travailleurs la plus mal payée : l'industrie reste dans la langueur et la stagnation. La misère de la classe pauvre est la mort de l'industrie (1).

L'existence de l'esclavage chez les peuples anciens est la cause véritable pour laquelle ils n'ont jamais pu que flotter « entre une anarchie turbulente et féroce ou une tyrannie atroce » (2). La misère de la classe pauvre compromet le repos, la sûreté et la liberté des puissants et des riches eux-mêmes. Il est de l'intérêt des premiers citoyens de l'Etat que le peuple jouisse d'une aisance honnête qui développe en lui l'intelligence et la moralité. D'ailleurs ni le riche, ni le pauvre ne doivent déterminer d'autorité le taux des salaires. Les meilleurs règlements ne valent pas *la liberté* : liberté de choisir son travail ; liberté de choisir son séjour. Il est odieux d'interdire à un homme qui souffre dans son pays de le quitter, malgré les sentiments et les habitudes qui l'y retiennent L'émi-

(1) *Id*., p. 208.
(2) *Id*., p. 209.

gration n'est jamais un mal. Vouloir que l'homme qui veut émigrer reste, « c'est comme si deux hommes étant enfermés dans une boîte où il n'y aurait assez d'air que pour un, on voulait que tous deux y étouffassent, plutôt que de laisser sortir l'un ou l'autre » (1).

L'immigration, au contraire, est toujours nuisible, pour la même raison.

Il importe que les salaires de l'ouvrier soient constants. Une augmentation accidentelle du profit ne peut améliorer son sort. La misère ne fait que recommencer ensuite dans toute son intensité. Rien de ce qui est passager n'est véritablement utile au pauvre.

Une variation dans le prix des denrées équivaut à une variation dans les salaires : car ce n'est pas le prix du salaire en lui-même qui est important, c'est son prix comparé à celui des choses dont on a besoin pour vivre. « Si avec 2 sous de pain, j'ai du pain suffisamment pour ma journée, je suis mieux nourri que si je recevais 10 sous et qu'il m'en fallût douze pour que ma ration fût complète » (2). Les variations dans le prix des grains sont un grand malheur.

(1) *Id.*, p. 211.
(2) *Id.*, p. 212.

Comme propriétaire, le pauvre a donc intérêt à ce que ses salaires soient suffisants et constants. Comme consommateur, il a intérêt aux progrès du commerce, de l'agriculture et de l'industrie. L'intérêt du pauvre est donc celui de la société tout entière. Tous les hommes, salariés et entrepreneurs, acheteurs et vendeurs, riches et pauvres, sont tous et toujours réunis par les intérêts communs de propriétaires et de consommateurs. C'est pourquoi il ne peut y avoir dans la société de classes constamment ennemies les unes des autres.

Nous ne sommes pas seulement opposés d'intérêt, nous sommes encore inégaux en moyens. L'inégalité est un mal, non pas qu'elle soit une injustice en elle-même, mais parce qu'elle est un puissant appui pour l'injustice, toutes les fois que la justice est pour le faible (1).

Il y a deux sortes d'inégalité : l'inégalité de pouvoir et l'inégalité de richesses.

La société a pour but de diminuer l'inégalité de pouvoir, et de produire par là le développement de toutes nos facultés et l'accroissement de nos richesses. Mais plus nos facultés se développent, plus leur inégalité augmente ; et cette inégalité amène bientôt

(1) *Id.*, p. 224.

l'inégalité de richesses, qui entraîne l'inégalité d'instruction, de capacité et d'influence. La société a un avantage: elle diminue l'inégalité de pouvoir. Elle a un inconvénient : elle augmente l'inégalité de richesses, qui ramène l'inégalité de pouvoir. D'ailleurs l'inégalité de richesses est en elle-même un mal. Car les possesseurs de grandes fortunes sont des oisifs, qui ne soldent du travail que pour leur plaisir. Le but de la société est d'accroître les richesses en évitant leur inégalité. Cela est plus ou moins difficile, suivant le temps et suivant le lieu. Un peuple agricole évite facilement qu'il s'établisse une grande inégalité parmi ses concitoyens. Dans un pays qui renferme des mines d'or et d'argent, certains individus acquièrent rapidement des richesses immenses.

En thèse générale, la société produit l'accroissement des richesses ; l'accroissement des richesses amène leur inégale répartition; et cette inégale répartition ramène enfin l'inégalité de pouvoir. C'est *ce cercle vicieux* (1) qui explique le progrès et la décadence des nations. L'égalité préserve les peuples de l'injustice et de l'oppression. C'est l'inégalité qui entraîne leur décadence.

(1) *Id.*, p. 229.

On se trompe sur le sens des expressions: nations pauvres et nations riches. Dans les nations pauvres, le peuple est à son aise. Dans les nations riches, le peuple est pauvre. C'est le secret de la force des uns et de la faiblesse des autres.

L'inégale répartition des richesses est une très mauvaise chose. Sur ce point comme sur tous les autres *l'intérêt de la classe pauvre* se confond avec *l'intérêt même de la société.*

III. — *La consommation des richesses.* — Au point de vue moral et politique, la plus intéressante des questions relatives à la consommation des richesses est celle du *luxe* (1). Le luxe est ce qui n'est pas nécessaire. Quelle est la limite du nécessaire ? Elle dépend de l'âge et du climat : elle est donc relative. Elle dépend des usages du monde et de la position sociale : elle est donc conventionnelle. Enfin il y a un luxe professionnel, celui du médecin et de l'avocat. Comme le but de la socié'é est de jouir, l'inutile fait partie de la consommation : le luxe, c'est l'*inutile improductif.*

Le luxe accroît-il la richesse ? il en est le

(1) *Commentaire de l'Esprit des lois*, livre VII.
Idéologie. — *Traité de la Volonté*, IV° partie, chap. XI.

signe et non la cause. Encourage-t-il le commerce et l'industrie en activant la circulation (1) ? Il change, sans l'augmenter, le cours de la circulation : il la rend moins utile. On peut le démontrer, dit Destutt de Tracy. « J'ai un fonds de terre, cultivé par nos fermiers et rapportant 200.000 francs. Je peux les employer : 1º En dépenses inutiles (feu d'artifice, spectacle...) De ces dépenses il ne restera que le souvenir d'une jouissance passagère. 2º En dépenses utiles (culture-maison-route-pont). Ces dépenses seront utiles aux autres comme à moi-même. 3º Je peux prêter les 200.000 francs. La question n'est pas résolue ; elle est différée et dépend non de moi mais du créancier. 4º Je peux les enterrer, ce qui est absurde. Enfouir des métaux précieux, c'est diminuer le numéraire et augmenter la valeur des métaux qui restent sur le marché. » De ces quatre manières d'employer mon argent, le luxe est la moins préférable. Sous le rapport économique, le luxe est toujours un mal, puisqu'il ne peut ni accélérer la circulation, ni en accroître le fonds. Toutes les théories économiques contraires à celle-ci se réduisent à cette proposition insoutenable que :

(1) Voir pour la défense de cette thèse la plaidoirie de M⁰ Waldeck-Rousseau dans l'affaire Lebaudy.

détruire c'est produire (1). « Un homme qui a cent francs et les emploie bien, a plus de moyens qu'un homme qui en a mille et les perd au jeu. » Tout le bien des sociétés humaines est dans la bonne application du travail, tout le mal dans sa déperdition.

Fabriquera-t-on des objets de luxe pour l'étranger ? « Leurs produits sont comme la religion de la cour de Rome, dont on dit qu'elle est pour elle une marchandise d'exportation et non pas de consommation. » Mais « il est toujours à craindre de s'enivrer de la liqueur qu'on prépare pour les autres ».

Destutt de Tracy n'est pas moins sévère pour le luxe au point de vue moral, « le plus important de tous, dit-il, quand il s'agit des intérêts des hommes ».

Vanité exaspérée, frivolité, vices, désordres, troubles dans la famille, dépravation des femmes, avidité des hommes, indélicatesse, improbité, oubli des sentiments généreux et tendres, .. telles sont les conséquences ordinaires du luxe, d'après l'auteur de l'*Idéologie* ; le luxe énerve les âmes en rapetissant les esprits : un régime démocratique doit s'opposer constamment à ses progrès. Comment ? Nous le verrons dans le chapitre sur la Législation.

(1) Cf. Bastiat. *La vitre cassée.*

3··

La première partie du *Traité de la Volonté* se termine par une étude des Revenus, des Dépenses du gouvernement et de ses dettes (1). Pour Destutt de Tracy l'impôt est toujours un sacrifice que le gouvernement demande aux particuliers. Les impôts les meilleurs sont les plus modérés, les plus variés et les plus anciens. Il est à désirer que le gouvernement ne fasse jamais de dettes, et il est très malheureux qu'il ait la possibilité d'en faire : le crédit public conduit à leur ruine tous les gouvernements qui en usent. Il est donc à désirer qu'on reconnaisse universellement que les actes d'un pouvoir législatif quelconque ne peuvent jamais lier ses successeurs. Cependant un gouvernement ne peut manquer à des engagements antérieurs pris de bonne foi : un tel acte ne serait « ni *juste*, ni *utile*, deux termes absolument équivalents pour moi comme raison et vertu » (2). En principe le pouvoir législatif actuel, qui est toujours censé l'organe de la volonté générale actuelle, ne peut ni obliger, ni gêner le pouvoir législatif futur, qui sera l'or-

(1) *Id.*, chap. XII. — L'étude des Dépenses du gouvernement fait partie de l'étude de la Consommation. « Dans toute société, le gouvernement est le plus grand des consommateurs... »
(2) *Id.*, p. 314.

gane de la volonté générale d'un temps
à venir.

La société est un état naturel et nécessaire, fondé sur la propriété. Elle consiste
dans des conventions et dans des échanges.
L'échange. utile aux deux parties contrac-
tantes, produit le concours des forces,
l'accroissement et la diffusion des lumières,
la division du travail. L'inégalité est inévitable, mais elle est un mal. Tous les hommes sans exception sont propriétaires et
consommateurs. De l'inégalité des richesses
nait la division de la société en deux
grandes classes : la classe des salariés et la
classe des salariants. Parmi les salariants,
les uns emploient leurs revenus à leur
satisfaction personnelle : ce sont les oisifs ;
les autres emploient leurs revenus d'une
manière utile qui reproduit ce que le travail a coûté : ce sont les entrepreneurs.
Enfin la fécondité de l'espèce humaine est
telle, que le nombre des hommes est
toujours proportionné à la quantité de
leurs moyens d'existence.

Telles sont — d'après Destutt de Tracy
— les vérités essentielles qui résultent
immédiatement de *l'observation de nos
facultés*. Elles ne peuvent être contestées
et elles conduisent à des conséquences

certaines : il est impossible de fonder la
société sur un renoncement entier à soi-
même ou sur une égalité chimérique ;
la consommation exagérée appelée luxe est
toujours nuisible.

Les théories économiques de Destutt de
Tracy sont aujourd'hui encore celles du
parti républicain libéral. Destutt de Tracy
rejette, comme également contraires à la
nature intime de l'homme, la conception
chrétienne et la conception *communiste* de
la société. Destutt de Tracy est un utilitaire et un individualiste : à ce double titre
il est le type du républicain sans épithète.
Après avoir lu les *Eléments d'Idéologie*,
on comprend mieux la « Déclaration des
droits de l'Homme et du Citoyen », à la fois
dans sa partie politique et dans sa partie
économique.

CHAPITRE III

LA MORALE (1)

La philosophie de Destutt de Tracy est — ou prétend être — la science de l'esprit humain. Elle dit ce qu'il est et non ce qu'il doit être. La logique, par exemple, n'est pas seulement l'art de bien raisonner, elle est surtout la science du raisonnement, c'est-à-dire de la formation, de la combinaison, et de la déduction de nos idées. De même, la morale n'est pas seulement l'art de régler nos désirs et nos passions de la manière la plus propre à nous rendre heureux, elle est avant tout la science de nos sentiments, de nos affections et de nos passions. Destutt de Tracy ne veut pas donner des règles de conduite, poser des principes, établir des maximes. Il désire simplement faire l'histoire de nos affections, de nos sentiments, de nos passions et montrer leurs conséquences. La morale de Destutt de Tracy

---

(1) *Traité de la Volonté et de ses effets.* IIe partie, ch. I, II. — *Eléments d'Idéologie*, tome Ier. Idéologie proprement dite, chap. V.

8....

pourrait être définie : une psychologie des sentiments.

L'étude de nos actions et l'étude de nos sentiments se complètent l'une l'autre. D'une part, en effet, pour apprécier le mérite et le démérite de nos sentiments, il faut connaître les conséquences de nos actions, dont ils sont la source. D'autre part, il faut distinguer les sentiments qui, étant fondés sur des jugements sains, nous dirigent dans une bonne voie; et ceux qui, fondés sur des jugements faux, nous éloignent du chemin de la raison, le seul qui, conduise au bonheur. Les passions empêchent souvent l'homme de reconnaître son intérêt véritable et l'intérêt de la société : comme le dit Hobbes, si les hommes avaient eu un vif désir de ne pas croire que deux et deux font quatre, ils seraient parvenus à rendre cette vérité douteuse. Les vérités incontestables de l'économie politique sont contestées par les passions. La science sociale ne doit pas négliger l'analyse de nos divers sentiments ; elle doit rechercher s'ils sont fondés sur des opinions justes ou fausses.

I. — *Les rapports du sentiment et de l'action*. — Et d'abord, comment expliquer

les rapports du sentiment et de l'action ?
L'expérience la plus élémentaire nous
apprend que le sentiment que nous avons
de vouloir engendre une série de mouvements physiologiques dont nous ignorons
l'enchaînement, le but immédiat et souvent même l'existence (1). Un sentiment
produit une action : voilà le fait. Si on
suppose que la volonté appartient à une
âme existant en nous, on n'explique rien.
Car on ne sait pas ce que l'on veut dire par
cette expression métaphysique. Comment
l'âme veut-elle ? Comment sent-elle ? Comment pense-t-elle ? Autant de problèmes
insolubles. Si on regarde la volonté comme
le résultat de mouvements antérieurs opé-
rés dans nos organes, on n'explique rien
non plus.

Il est plus raisonnable d'admettre que
toute perception produit une série de mouvements qui réveillent d'autres mouvements et d'autres perceptions, et que ces
derniers, en se combinant, donnent naissance à deux ordres distincts de phénomènes : 1º les jugements et les désirs ;
2º les mouvements qui agitent nos membres.
Les mouvements sont donc *l'occasion* des
phénomènes intellectuels ; les phénomènes

(1) *Traité de la Volonté*, IIᵉ partie, p. 360.

intellectuels forment une série d'apparences
parallèle à la série des actes mécaniques,
chimiques, physiologiques, qui s'enchaînent nécessairement « tantôt suivant, tantôt malgré la volonté, mais toujours indé-
pendamment de cette volonté » (1). Cette
théorie des rapports du physique et du
moral est un épi-phénoménisme. Est-elle
véritablement originale ?

Destutt de Tracy la présente comme une
interprétation de la théorie bien connue de
Leibniz (2) sur l'harmonie préétablie. Il
est facile de montrer qu'elle en diffère
radicalement. Leibniz, en effet, n'admet
pas seulement une correspondance établie
de toute éternité entre la série tout entière des états de l'âme et la série totale
des états du corps ; il admet encore l'indépendance absolue et réciproque de l'âme
et du corps. L'âme et le corps, dit-il, dans
une comparaison célèbre, sont semblables à
deux horloges séparées qui marqueraient
toujours la même heure. Destutt de Tracy,
au contraire, considère les phénomènes
intellectuels comme les « circonstances
et dépendances » des mouvements du
corps. Il y a un certain rapport — au moins

(1) *Id.*, p. 361.
(2) *Id.*, p. 361.

unilatéral — entre le physique et le moral,
entre l'action et le sentiment de vouloir ;
tandis que chez Leibniz le mot même
de rapport ne peut avoir aucun sens :
Leibniz n'explique les rapports du physique et du moral qu'en les niant. Ainsi,
ou bien il faut admettre chez Destutt
de Tracy une connaissance imparfaite
de la philosophie leibnizienne, ou bien
il faut convenir qu'il a inconsciemment
transformé et dénaturé cette théorie en
voulant l'adapter à la réalité : c'est en ce
sens que sa propre théorie présente quelque originalité.

Destutt de Tracy n'hésite pas à reconnaître qu'elle est seulement une hypothèse
très belle et très plausible, solution provisoire d'une question contestée, et que le
problème est insoluble dans l'état actuel
de nos connaissances. Est-ce là expliquer
la naissance de nos sentiments et des actions qui les accompagnent ? Non, mais
c'est éviter de croire « qu'une affection que
nous éprouvons, et qui n'est en fait qu'une
circonstance d'un phénomène physiologique qui se passe en nous, puisse, par une
sorte de vertu magique, nous donner le singulier pouvoir de produire une foule de
mouvements internes dont nous ne nous

doutons pas, et dont nous ne parviendrons jamais peut-être à comprendre la possibilité » (1).

D'après Destutt de Tracy, l'hypothèse précédente permet de mieux concevoir certains faits de l'histoire des animaux, par exemple des abeilles. Les naturalistes ont remarqué que les abeilles préparent les rayons de cire et les remplissent de miel pour des animaux qui ne sont pas encore nés. Si l'on veut expliquer les faits instinctifs par l'intelligence, il faut admettre que les abeilles possèdent le triple talent de géomètre, de chimiste et de prophète : elles ne peuvent construire leurs cellules sans connaître plusieurs principes de la théorie des surfaces et des solides ; elles ne peuvent composer le miel et la cire sans connaître les principes de la chimie ; enfin elles ont le talent de la divination, puisqu'elles construisent des cellules — en nombre suffisant et dans des proportions convenables — pour des animaux encore à naître. Les vertus des abeilles sont aussi remarquables que leurs talents : elles vivent en société nombreuse, sans force apparente pour maintenir l'ordre ; elles travaillent pour l'utilité commune ; elles se dé-

(1) *Id*, p. 362.

vouent avec une générosité sans pareille au service de la mère et des enfants ; chaque année, avec un concert de vues admirable, les abeilles massacrent tous les mâles, sans qu'il s'en échappe jamais un seul. « Si tout cela est l'effet de combinaisons intellectuelles et de volontés conçues d'après des motifs calculés et réfléchis, il faut convenir que ces faibles animaux ont une bien autre capacité que les hommes de l'esprit le plus exercé (1). » Cette conclusion est évidemment absurde, et il est plus naturel d'admettre que « les actes instinctifs sont des conséquences nécessaires de l'organisation de ces animaux, les séries de mouvements inconnus résultant de cette organisation, comme tous ceux qui constituent leur existence. En un mot, il faut considérer ces animaux comme des machines montées pour produire ces effets, comme pour absorber l'air par la respiration et les aliments par la digestion » (2).

Mais ces machines peuvent encore sentir et vouloir. Elles sont en quelque sorte les spectatrices de leur propre existence : elles sentent, elles souffrent, elles jouissent, elles aiment, elles haïssent, elles veulent ou ne

(1) *Id.*, p. 369.
(2) *Id.*, p. 370.

veulent pas ; et à la fois en dehors d'elles, puisque les mouvements ne dépendent pas de la faculté de vouloir ; et en elles, puisque les mouvements sont l'occasion des phénomènes intellectuels, la vie physiologique poursuit le cours indépendant et nécessaire de son évolution. La volonté et le sentiment apparaissent de plus en plus, chez Destutt de Tracy, comme des phénomènes surnuméraires de l'activité physiologique.

Le philosophe fait à l'espèce humaine l'application des idées qu'il a tirées de ce bref essai de psychologie animale; et il arrive à cette conclusion générale qu'il y a en nous deux ordres de phénomènes absolument distincts : 1° les mouvements intérieurs que l'individu ignore, et qui sont à la fois la cause efficiente des mouvements extérieurs, et l'occasion de la volonté et du sentiment ; 2° les phénomènes intellectuels qui n'ont aucune action sur les mouvements intérieurs. Il y a entre les faits psychiques et les faits physiques une dépendance unilatérale. Il y a action du physique sur le moral, sans réaction du moral sur le physique.

On peut faire à cette théorie de nombreuses et classiques objections. Destutt de

Tracy les connaissait, et a essayé de les ré-
futer par anticipation. Nous avons, dira-t-
on, la conscience intime que la volonté est
la cause efficiente de nos actions. S'il est
vrai qu'il y a en nous des mouvements qui
s'enchaînent nécessairement, il se peut fort
bien que la prétendue conscience intime ne
soit qu'une illusion.

Mais — ajoutera-t-on — l'homme possède une âme, et c'est elle qui agit sur notre
corps. Il n'est pas question de l'existence
de l'âme, de son immortalité ou de son im-
matérialité dans la philosophie de Destutt
de Tracy. Le problème de l'âme est un problème métaphysique ; et Destutt de Tracy
s'est défendu très vivement d'être un métaphysicien, c'est-à-dire, suivant ses propres
expressions, un de ces hommes dangereux
qui cherchent à deviner la nature et lui
supposent des causes et des origines.

Il faut remarquer seulement que, si l'on
veut admettre l'âme chez l'homme, on est
obligé de l'admettre chez les animaux. Car
il n'y a de différence entre eux et nous que
du plus au moins. Il doit aussi paraître légitime de supposer une âme à tous ceux
qui peuvent avoir du sentiment sans avoir
les moyens de le manifester; et, en dernière
analyse, cela reviendrait à imaginer, soit

4

une multitude infinie d'âmes dans tous les corps, à mesure qu'ils naissent ou se transforment; soit une âme universelle répandue dans toute la nature, et qui serait cause de tout ce qui s'y opère (1). Cette seconde hypothèse signifie simplement que tout s'opère par des lois constantes et inconnues. Car l'âme universelle ne serait qu'une force inconnue existant dans la nature. En résumé, il est impossible de prouver l'existence de l'âme; et d'autre part l'existence de l'âme n'expliquerait rien : on ne conçoit pas du tout comment l'âme pourrait vouloir, sentir, penser et produire suivant sa volonté les mouvements de nos membres. L'existence de l'âme, en un mot, est une hypothèse indémontrable et inutile.

II. — *Déterminisme et moralité.* — Il n'y a aucune raison scientifique de l'admettre. Mais n'y a-t-il pas des raisons morales de rejeter la nécessité, le déterminisme de tous les phénomènes? On a dit en effet que le déterminisme est une opinion dégradante pour l'humanité, qu'elle nous assimile aux animaux et aux choses inanimées, qu'elle nous ôte tout le mérite de

(1) Cf. Cabanis. *Lettres sur les causes premières,* 1824.

nos actions ; qu'en un mot elle est souverainement immorale.

Est-elle dégradante ? Non, car le genre humain est ce qu'il est, et tout ce que nous en disons n'y changera rien. Il ne s'agit, ni de glorification, ni d'humiliation, mais de vérité.

Est-elle immorale ? Destutt de Tracy observe d'abord que c'est un reproche dont on a souvent abusé, surtout dans les temps où l'ignorance a été la plus forte. Mais il va plus loin, et soutient qu'en bonne philosophie, le reproche d'immoralité ne fait rien à l'affaire. Il dit hardiment : « S'il était possible qu'une assertion immorale fût vraie ou qu'une assertion constatée vraie fût immorale, il faudrait encore l'admettre sans balancer. Car enfin la vérité est la vérité et c'est ce que nous cherchons, et nous ne pouvons jamais chercher autre chose (1). » Mais il n'y a jamais opposition entre le bien et le vrai, entre la vertu et la raison. Cherchons le vrai, et si nous le trouvons, soyons sûrs d'arriver au bien. Si on tire du déterminisme des conséquences immorales, c'est qu'elles sont fausses et mal déduites ; c'est ce qu'il est facile de prouver.

Et d'abord, l'opinion de Destutt de Tracy

(1) *Id*, p. 377.

sur les rapports du sentiment de vouloir et des actes n'implique pas le déterminisme plus que toute autre opinion. En effet, en admettant même que les actions dépendent de la volonté, il n'en reste pas moins vrai que la volonté dépend des motifs : point déjà acquis par l'étude psychologique de la volonté. Par conséquent, tout est nécessaire et doit l'être, car on ne peut admettre des effets sans cause. On retrouve le déterminisme dans la volonté lorsqu'on veut le chasser des mouvements.

Et d'ailleurs pourquoi s'effrayer de la nécessité ? Elle ne conduit nullement à l'immoralité, et ne détruit pas le mérite et le démérite de nos actions et de nos sentiments. Le mérite en effet doit être jugé d'après un criterium social : ce qui tend au bien de l'humanité est louable ou vertueux, ce qui tend au mal de l'humanité est vicieux et répréhensible.

Il résulte de cette discussion que le sentiment de vouloir précède les actions, mais n'en est pas la cause, et que le déterminisme n'a rien de particulièrement immoral. Pour la commodité du discours, la volonté peut être regardée comme « l'expression abrégée » des causes réelles des mouvements extérieurs ; et c'est en ce sens que Destutt de

Tracy a employé le mot de volonté dans la quatrième partie des *Eléments d'Idéologie.*

III — *Egoïsme et sympathie* — La morale est l'étude des sentiments, et les sentiments dépendent de la vie physiologique. C'est donc dans la science du corps humain qu'on peut trouver la racine des sentiments moraux. Il y a chez l'animal, et « nommément chez l'animal appelé homme », deux ordres d'existence : la vie organique ou intérieure ; la vie animale ou vie de relation. De ces deux modes partiels d'existence se compose la vie totale. La vie organique est composée des fonctions de conservation : elles sont essentielles ; primo vivere,... dit le proverbe. La vie animale est composée des fonctions de relation : elles sont secondaires et additionnelles.

C'est de la vie organique et des fonctions de conservation que sort le sentiment de la haine. En effet vivre c'est avoir des intérêts, et, comme nos semblables ont aussi des intérêts, il arrive fréquemment que nos propres intérêts soient en opposition avec les leurs. Les individus sont par nature condamnés à se détruire les uns les autres, à périr, et ce qui est pis encore, à souffrir.

Le premier effet de la vie de conservation est donc l'apparition des intérêts individuels.

Cette opposition est tempérée par ce fait que l'existence de nos semblables nous est utile, et même rigoureusement nécessaire. Si « l'animal appelé homme » forme des « troupeaux appelés sociétés », c'est qu'il éprouve au fond de son être le besoin de sympathiser. Nul être ne fait le mal pour le mal, et l'homme n'est pas un animal essentiellement malfaisant : la vie serait impossible entre des êtres antipathiques. D'ailleurs Destutt de Tracy veut écrire la morale des hommes qui vivent en société, et non « celle des fouines et des araignées ».

Les deux pôles de la vie morale sont donc : le sentiment de personnalité qui dérive de la vie de conservation et engendre les passions humaines, et le sentiment de sympathie qui dérive de la vie de relation et engendre les passions bienveillantes. Ces deux sentiments sont légitimes et nécessaires : et l'art d'être heureux consiste à dénouer leurs conflits à la lumière de la justice de la raison.

Tels sont les principes d'un traité de morale. Malheureusement Destutt de Tracy, qui voulait examiner successivement

chacune de nos passions, et voir quelles en
sont les suites, n'a pas pu ou n'a pas voulu
mettre son projet à exécution. Il a dit seulement quelques mots des passions bienveillantes, en particulier de l'amour. Voltaire
disait :

> L'Amour était un dieu dans les temps héroïques,
> On en fait un démon chez nos vils fanatiques;

et Destutt de Tracy ajoute : N'en faisons
ni un dieu, ni un diable. L'un appartient à
la raison naissante, l'autre à la raison égarée.
Qu'est-ce que l'amour ? C'est d'abord le
besoin le plus violent de tout l'organisme.
Le besoin de reproduction fait taire quelquefois l'instinct de conservation. La raison en est que les organes destinés à le
satisfaire sont éminemment sensibles, et ont
des rapports si nombreux avec les autres
organes, et en particulier, avec l'organe céré-
bral, que leur action « absorbe toute la capacité sensitive de l'individu ». Les lésions
des organes de la reproduction portent le
trouble jusque dans les fonctions intellectuelles.

(1) *Idéologie. Traité de la Volonté*, II° partie, chap.
II. De l'Amour. Ce chapitre est le germe d'une œuvre
célèbre de Stendhal. Dans une note de son livre : *De
l'Amour*, Stendhal reconnaît ce qu'il doit aux idéologues.

Le besoin de reproduction nous saisit au moment du plein développement de nos facultés ; il nous donne la conscience de notre vigueur, et même l'exalte encore. Les autres besoins, au contraire, sont les signes avant-coureurs de l'épuisement et de la prostration des forces. En d'autres termes, les besoins ordinaires, comme la faim, la soif, sont l'indice d'une vitalité défaillante ; le besoin de reproduction résulte d'un excès de vitalité. Ceux chez qui le besoin de reproduction est le plus « fréquent » et le plus « dominant » sont en général « prompts et déterminés » (1). Et Destutt de Tracy — en bon matérialiste — ajoute que c'est là sans doute la raison secrète, et peut-être inaperçue par elles, pour laquelle les femmes aiment les hommes audacieux et braves. Il en est de même, affirme-t-il, des femelles de beaucoup d'autres animaux: les poules et les biches se promènent et se parent pour animer les combattants qui se disputent leurs faveurs. Elles ne se soumettent pas seulement à la force : elles promettent. « C'est tout comme dans nos romans et nos poèmes (2). »

D'ailleurs l'amour est loin d'être un

(1) *Id.*, p. 393, note 1.
(2) *Id.*, p. 394.

besoin physiologique pur et simple ; il est
une passion, une manifestation de sympathie, le besoin d'aimer et d'être aimé. La
sympathie, les sentiments délicats et fins,
les idées multipliées et étendues ajoutent
au charme et au plaisir de l'amour, et
donnent plus de saveur à la jouissance.
Qu'est-ce donc que l'amour, au sens complet
du mot ?

« C'est l'amitié embellie par le plaisir ;
c'est la perfection de l'amitié. C'est le sentiment auquel concourt toute notre organisation, qui emploie toutes nos facultés, qui
satisfait tous nos désirs, qui réunit tous nos
plaisirs ; c'est le chef-d'œuvre de notre
être. »

Les passions proprement dites renferment
toujours un désir (1). Dans la haine est le
désir de faire de la peine ; dans l'amour, le
désir de plaisir. L'amitié est le désir que la
volonté des autres soit conforme à la nôtre.
L'estime suit l'amitié, car nous voulons du
bien à ceux qui ont de bons sentiments et
de grands talents. Si nous interprétons
bien la pensée de Destutt de Tracy, tous
les sentiments d'un individu, vis-à-vis d'un
autre individu, viennent du désir d'une col-
laboration, d'une association utile des vo-

(1) *Idéologie proprement dite*, chap. II, p. 26.

4·

lontés. Le bien-être moral, c'est l'accord des volontés. Le malaise moral, c'est l'absence ou la rupture de cet accord. Commettre une mauvaise action, haïr, c'est mettre une barrière entre nous et autrui : voilà pourquoi une faute nous fait ressentir des regrets, et lorsqu'elle est grave, un remords. Le repentir est un regret accompagné du désir de rétablir la bienveillance mutuelle des individus. La dissimulation, la défiance naissent de la crainte de dévoiler aux regards de tous notre propre méchanceté : au contraire, la conscience de la pureté de nos sentiments nous donne la candeur et la sérénité. L'amitié, la bienveillance, la charité, nous sont commandées par notre propre intérêt. La vertu n'est pas un renoncement absurde à soi-même, mais simplement l'amour du travail, la modération dans les désirs, la paix avec soi-même et avec les autres : c'est en ce sens que la vertu est nécessaire au bonheur des sociétés, c'est-à-dire, en dernière analyse, au bonheur des individus.

Sans s'écarter un instant du point de vue utilitaire, Destutt de Tracy a donné une définition des sentiments moraux, comme il avait donné une définition des idées morales de justice et de devoir.

Comme Socrate, Destutt de Tracy croit à l'identité du vrai et du bien, de la vertu et du bonheur. Cherchez le vrai et vous trouverez le bien, soyez vertueux et vous serez heureux : telles sont les conclusions qui résultent de la véritable connaissance de nos intérêts. En morale comme en politique, il faut considérer avant tout la nature intime de l'homme. Or l'homme naît égoïste. Destutt de Tracy a donc essayé de lui prouver que son égoïsme même lui commandait d'être vertueux, et que la première condition, pour être heureux, était de vivre en honnête homme et en bon citoyen..... Toutes les morales mènent à la vertu, comme tous les chemins mènent à Rome : Destutt de Tracy a choisi le plus court et le plus sûr chemin, celui « de la Raison, qui seule conduit au bonheur ». La morale idéologique ne repose donc pas sur le terrain mouvant de la métaphysique spiritualiste ou de la théologie chrétienne.

CHAPITRE IV

LÉGISLATION ET INSTRUCTION PUBLIQUE (1)

Comment assurer le respect des vérités incontestables de la science économique et de la morale utilitaire? Comment réaliser l'unité morale et politique de la nation ? En d'autres termes, et pour employer les expressions mêmes de Destutt de Tracy, quels sont les moyens de fonder la morale d'un peuple? Le philosophe répond : une bonne constitution, de bonnes lois et un bon système d'instruction publique. Pour Destutt de Tracy, comme pour Helvétius, le but de la société, c'est d'identifier l'intérêt de tous et l'intérêt de chacun à l'aide de deux moyens : punir ou instruire (2).

I. — *La loi en général.* — Le fondement d'un régime social déterminé est l'ensemble de ses lois : lois constitutionnelles, lois civiles, lois pénales.

(1) *Commentaire sur l'Esprit des lois.* — *Quels sont les moyens de fonder la morale d'un peuple ?* — Pièces relatives à l'instruction publique.

(2) Guyon. *La Morale d'Epicure*, p. 241.

. Qu'est-ce qu'une loi ? Les rapports nécessaires qui dérivent de la nature des choses,
répondra Montesquieu. Destutt de Tracy
n'admet pas cette définition : une loi n'est
pas un rapport, un rapport n'est pas une
loi. La loi n'est pas autre chose qu'une
règle prescrite à nos actions, par une autorité que nous regardons comme ayant le
droit de faire cette loi. L'idée de loi renferme l'idée d'une peine attachée à sa vio-
lation, d'un tribunal chargé d'appliquer
cette peine, enfin d'une force physique qui
la fait subir. Sans tout cela, la loi est « incomplète ou illusoire ».

La loi positive, c'est-à-dire conventionnelle et artificielle, est juste, si elle produit
le bien ; injuste, si elle produit le mal. Une
loi juste est une loi conforme à notre nature, c'est-à-dire aux lois naturelles et nécessaires que nous ne pouvons pas changer
et auxquelles nous ne pouvons pas désobéir
impunément. Les lois naturelles et nécessaires existent antérieurement ou supérieu-
rement aux nôtres : par conséquent les lois
humaines doivent être conséquentes à ces
lois plus anciennes et plus puissantes. Tel
est le véritable esprit dans lequel doivent
être faites les lois positives.

Les lois se modifient suivant l'organisa-

tion de la société, suivant la nature du gouvernement (1). Montesquieu distingue trois
formes de gouvernement : le gouvernement
républicain, le gouvernement monarchique,
le gouvernement despotique. Cette classifi-
cation est mauvaise. Le terme de républicain est vague : il s'applique à des gouvernements très différents les uns des autres
« depuis la démocratie paisible de Schwitz
et la démocratie turbulente d'Athènes, jusqu'à l'autocratie consentie de Berne et la
sombre oligarchie de Venise ». D'après
Montesquieu, la monarchie est le gouvernement dans lequel le pouvoir exécutif ré-
side dans la main d'un seul : c'est une définition vague et inexacte, car les Etats-Unis
n'ont qu'un seul chef et sont regardés cependant comme une république. Enfin le
mot de despotisme désigne un vice commun
à tous les gouvernements. Il y a despotisme
partout où la loi est sans force, et où domine
la volonté d'un homme ou de plusieurs; aussi
Destutt de Tracy dira-t-il avec Helvétius :
il y a deux genres de gouvernements, les
bons et les mauvais. Pratiquement, une
forme de gouvernement, quelle qu'elle soit,
peut être mauvaise ou bonne. Théorique-
ment, il faut considérer seulement les principes.

(1) *Commentaire*, p. 6-14.

Or il n'y a que deux sortes de gouvernements : les gouvernements d'intérêt général, et les gouvernements d'intérêt spécial. On appelle gouvernement d'intérêt général un gouvernement dans lequel tout est fait « par la nation et pour la nation ». Les citoyens ont des droits ; les magistrats, en tant que magistrats, n'ont que des devoirs. On peut nommer cette espèce de gouvernement : gouvernement national. Il y a différentes variétés de gouvernements nationaux : la démocratie absolue ; le régime représentatif avec des fonctionnaires élus et renouvelés ; le régime représentatif aristocratique avec des fonctionnaires héréditaires ou se recrutant eux-mêmes ; le gouvernement par un chef unique élu. Mais le gouvernement n'est un gouvernement national que si la nation peut le transformer ou le détruire, quand elle le veut, suivant des formes prescrites.

Les gouvernements d'intérêt spécial sont tous ceux, quels qu'ils soient, où l'on reconnaît comme sources légitimes de droits et de pouvoirs : l'autorité divine, la conquête, l'hérédité,... et non pas seulement la volonté générale. Il n'y a, et il ne peut y avoir que deux espèces de gouvernements : ceux qui sont fondés sur les droits généraux des hommes, et ceux qui se prétendent fondés sur des droits particuliers.

Montesquieu dit que le principe du gouvernement doit être conforme à la nature de ce gouvernement (1).

La monarchie aurait pour principe l'honneur; le despotisme, la crainte, et la République la vertu. Il est vrai que le despotisme a pour principe la crainte; mais le despotisme est le caractère accidentel de tous les régimes. La crainte n'est pas le principe du gouvernement despotique, mais de tous les gouvernements, en tant qu'ils sont despotiques. Un roi — une assemblée — un peuple peuvent être des despotes et gouverner par la crainte.

La monarchie a pour principe l'honneur, dit Montesquieu ; mais il ajoute : « l'oisiveté, la bassesse dans l'orgueil, le désir de s'enrichir sans travail, l'aversion pour la vérité, la perfidie, le mépris pour les devoirs du citoyen, la crainte de la vertu du prince, l'espérance de ses faiblesses et, par-dessus tout, le ridicule perpétuel jeté sur la vertu, forment, je crois, le caractère du plus grand nombre des courtisans, marqué dans tous les lieux et dans tous les temps..... Que si dans le peuple il se trouve quelque

(1) Id., livre III, p. 14-24.

malheureux honnête homme, le cardinal de Richelieu, dans son testament politique, insinue qu'il ne faut pas s'en servir; tant il est vrai que la vertu n'est pas le ressort de ce gouvernement ».

Destutt de Tracy fait justement remarquer qu'il est difficile de concevoir quelle est l'espèce d'honneur qui peut en être le ressort. Qu'est-ce qu'un honneur compatible avec la bassesse, l'oisiveté, le mensonge et la perfidie? Qu'est-ce qu'un homme d'honneur, qui n'est pas en même temps un honnête homme? La vertu n'est déplacée nulle part; et des observations de Montesquieu il faut retenir seulement que la vertu est moins utile dans une monarchie que dans une république, parce que l'autorité du gouvernement est plus forte, et qu'il peut se servir de malhonnêtes gens, sans être dominé par eux. La distinction entre la république, la monarchie et le despotisme est fausse. Il faut revenir à la division en gouvernements nationaux et en gouvernements spéciaux.

Dans les gouvernements nationaux, tous les droits et tous les pouvoirs appartiennent toujours au corps entier de la nation. Mais la démocratie absolue est la forme la plus imparfaite du gouvernement national:

l'histoire grecque nous montre qu'elle équivaut à l'anarchie. Le gouvernement représentatif est celui dans lequel, suivant des
formes exprimées dans un acte appelé
constitution et librement consenti, tous les
associés ou citoyens concourent également
à choisir leurs différents délégués : « *C'est
la démocratie rendue possible pour un long
temps et un grand espace. La démocratie
est l'état de la nature brute. La représen-
tation est celui de la nature perfectionnée,
qui n'est ni déviée, ni sophistiquée, et qui
ne procède ni par système ni par expédients* (1). »

Le principe conservateur du gouvernement représentatif est l'amour des individus
pour l'égalité et la liberté, pour la paix et
pour la justice. La simplicité, l'habitude
du travail, le mépris de la vanité, l'amour
de l'indépendance, voilà ce qu'il faut entendre par vertu républicaine. La vertu
n'est pas, comme le pense Montesquieu,
le renoncement à soi-même : car nul être ne
peut renoncer à soi-même ou seulement
croire y renoncer, si ce n'est momentané-
ment et par fanatisme. Le principe véritable d'un gouvernement national, c'est le
respect pour les droits généraux des hom-

(1) *Id.*, livre III, p. 19-20.

mes. Les gouvernements nationaux sont donc en dernière analyse fondés sur la raison.

II. — *L'éducation morale des enfants.* — Le gouvernement, dit Montesquieu, est comme toutes les choses de ce monde : pour le conserver, il faut l'aimer. Si notre éducation nous dispose à avoir des sentiments et des opinions qui ne soient pas en opposition avec les institutions établies, nous avons le désir de les conserver ; dans le cas contraire, nous aurons le désir de les renverser. Les lois de l'éducation doivent donc être conformes au principe du gouvernement. Nous recevons trois sortes d'éducation : celle des parents, celle des maîtres, celle du monde. Toutes trois doivent concourir au même but.

Quel doit être le principe de l'éducation républicaine ? Le renoncement à soi-même n'est pas conforme aux lois nécessaires qui gouvernent tous les êtres. Le but de la société est d'assurer le bonheur des individus. Un gouvernement fondé sur le renoncement ne pourrait subsister longtemps : « L'homme a besoin de vêtements et non pas de cilices (1). » Destutt de Tracy n'ad-

(1) *Commentaire,* livre IV, p. 27.

mire pas plus Sparte que la Trappe, et les
lois de Crète que la règle de saint Benoît.
Le fanatisme religieux « fait des hommes
dévoués et courageux, mais haineux, fa-
rouches, sanguinaires, et surtout malheureux » (1). D'ailleurs le fanatisme est un
état violent et passager, et un gouvernement
fondé sur une telle base ne saurait être véritablement solide.

En aucun cas le gouvernement ne peut
ni ne doit enlever d'autorité les enfants à
leurs parents, pour les élever sans leur par-
ticipation. Arracher les enfants à leurs parents serait un « attentat contre les sentiments naturels » (2). D'ailleurs l'instinct
paternel et l'instinct maternel finiraient
toujours par l'emporter sur le législateur
assez téméraire pour se mettre en opposition avec eux.

Le seul conseil que l'on puisse donner à
un gouvernement — à tous les gouvernements — en matière d'éducation, c'est de
faire en sorte, par les moyens les plus doux,
que l'éducation des parents, celle des maîtres et celle du monde soient dirigées toutes trois dans le sens du gouvernement. Le
gouvernement peut influer puissamment

(1) *Id.*, p. 26.
(2) *Id.*, p. 29.

sur l'éducation donnée à l'école par les établissements d'instruction publique qu'il crée
ou favorise, par les livres élémentaires qu'il
y admet ou en rejette. L'esprit qui règne
dans les établissements publics n'est pas
sans influence sur les institutions particulières. L'éducation des parents et celle du
monde dépendent de l'opinion publique :
mais, avec un peu d'adresse et de temps, le
gouvernement peut agir sur l'opinion publique, « puisque les deux grands mobiles de
l'homme, la crainte et l'espérance, sont toujours plus ou moins au pouvoir des gouvernants, dans tous les sens et sous tous les
rapports » (1).

Les gouvernements ont donc « une infi-
nité de moyens pour diriger, suivant leurs
vues, tous les différents genres d'éducation » (2).

L'esprit dans lequel sera donnée l'éducation différera suivant la nature du gouvernement.

Les gouvernements monarchiques doivent chercher à inculquer et à répandre
les maximes de l'obéissance passive, le respect des institutions établies, l'aversion
pour la discussion des principes, le dégoût

(1) *Id.*, p. 30.
(2) *Id.*, p. 30.

des innovations. Ils doivent appeler à leur
secours les idées religieuses « qui saisissent
les esprits dès le berceau, et font naître des
habitudes profondes et invétérées avant
l'âge de la réflexion ». Bien entendu, le
souverain doit commencer par s'assurer la
dépendance des prêtres, et donner la préférence à la religion « qui exige le plus la
soumission des esprits, qui proscrit le plus
tout examen, qui accorde le plus d'autorité
à l'exemple, à la coutume, à la tradition,
aux décisions des supérieurs, qui recom-
mande le plus la foi et la crédulité, et enseigne un plus grand nombre de dogmes et
de mystères » (1). Il doit rendre cette religion « exclusive et dominante ». Une fois
ce premier fonds d'idées jeté dans les cer-
veaux, il doit s'efforcer de rendre les esprits
aussi doux, aussi gais, aussi légers, aussi
superficiels que possible, en favorisant le
penchant naturel des hommes à la vanité,
en multipliant les rangs, les titres, les dé-
corations, les distinctions et les honneurs.
Le gouvernement monarchique a surtout
intérêt à ne pas répandre l'instruction dans
les dernières classes du peuple, ou du
moins à la borner à l'enseignement de la religion établie. Il doit tenir rigoureusement

(1) *Id.*, p. 32.

le peuple dans l'avilissement de l'ignorance :
il ne faut pas que le peuple éprouve le désir
de sortir de sa condition misérable ; il ne
faut pas même qu'il puisse concevoir la
possibilité d'un changement.

Les gouvernements aristocratiques ont
deux dangers à éviter : le développement
exagéré de l'esprit religieux, et par suite, la
toute-puissance du clergé ; le développement
exagéré de l'esprit de libre-examen et par
suite la toute-puissance du peuple. Le
peuple doit être ignorant et superstitieux,
dépravé et misérable. Les vices l'empêche-
ront d'être trop religieux et la religion
d'être trop raisonnable.

Le gouvernement représentatif au contraire ne peut en aucun cas craindre la vérité. Uniquement fondé sur la nature et la
raison, il n'a d'autres ennemis que l'erreur et
les préjugés. Il doit accroître et surtout répandre l'instruction. Tout ce qui est bien et
vrai est en sa faveur ; tout ce qui est mal
ou faux est contre lui. Il est lié à la justice, à la morale ; il doit combattre l'inégalité des talents et des lumières ; il doit
tendre à rapprocher la classe pauvre et la
classe opulente de la classe moyenne « où
règne naturellement l'esprit d'ordre, de
travail, de justice et de raison, puisque,

par sa position et son intérêt direct, elle est également éloignée de tous les excès » (1).

Les gouvernements fondés sur les droits généraux des hommes et sur la raison peuvent seuls désirer que l'instruction soit saine, forte, et généralement répandue.

Les actes de notre volonté ne sont que des conséquences des actes de notre jugement. Aussi tous les moyens d'agir sur les individus se réduisent en définitive à les « endoctriner » (2). Il faut endoctriner les pères et les fils, les hommes et les enfants.

Il faut que l'éducation prépare les générations nouvelles au respect de la tradition révolutionnaire, afin qu'il ne puisse y avoir contradiction entre les idées morales et politiques, écrites dans la loi et la Constitution, et l'opinion publique, qui, décide en dernier ressort de l'existence même du gouvernement. L'instruction et l'éducation des enfants est une question sociale au premier chef, car c'est d'elle que dépend le maintien de l'état de choses présent ou son progrès toujours possible. L'éducation des enfants est à moitié faite « si leurs parents

(1) *Id.*, p. 40.
(2) *Quels sont les moyens de fonder la morale d'un peuple ?*

ont de bonnes habitudes, et sont pour ainsi dire moulés par de bonnes institutions » (1). Les sermons et les exhortations contribuent moins à la formation des sentiments et des opinions des enfants que le spectacle de ce qui les entoure. L'éducation morale des enfants est une conséquence de l'éducation morale des hommes.

« Si les pères sont imbus de mauvais principes : ou bien les maîtres les partageront, ce qui est le plus vraisemblable, et ils leur prêteront une nouvelle force ; ou ils les combattront, et alors ils ne seront ni écoutés, ni crus, ni suivis, mais complètement inutiles (2). » La situation économique et politique du pays exerce la plus grande influence sur les progrès de l'instruction publique : « Le moindre dégrèvement d'impôt augmentera plus le nombre des hommes sachant lire et écrire, qu'une légion de maîtres d'école. Un degré de plus dans l'aisance des cultivateurs accroîtra plus les produits de la terre et le bon sens national que toutes les sociétés d'agriculture et tous les professeurs de logique de l'Europe ne pourraient le faire (3). »

(1) *Id.*, p. 431.
(2) *Id.*, p. 431.
(3) *Id.*, p. 432.

« Il est nécessaire cependant d'organiser un système complet et méthodique d'éducation et d'instruction publique (1). » Dans toute société civilisée, il y a deux classes : la classe ouvrière, qui tire sa subsistance du travail de ses bras ; et la classe dite savante, qui vit du revenu de ses propriétés ou du travail de son intelligence. Les enfants de la classe ouvrière ne peuvent pas languir longtemps dans les écoles : il faut donc leur donner en peu d'années une éducation assurément très sommaire, mais aussi complète que possible. Les enfants de la classe savante peuvent et doivent donner plus de temps à leurs études : ils ont plus de choses à apprendre pour remplir leur destination sociale.

Il y a deux genres d'écoles publiques : les unes destinées aux enfants de la classe ouvrière ; les autres destinées aux enfants de la classe savante. Les deux ordres d'études sont essentiellement distincts, à la fois par leur objet et par leur méthode. Ce serait une grande erreur de croire que les écoles primaires sont le vestibule des écoles centrales et spéciales. Les écoles primaires

(1) *Observation sur le système actuel d'instruction publique.* — Dans les *Eléments d'Idéologie*, 3ᵉ partie. — Tome deuxième de la *Logique*, p. 325.

et les apprentissages des différents métiers,
voilà l'éducation de la classe ouvrière.
Les écoles centrales et spéciales, voilà
l'éducation de la classe savante.

Il faut commencer par l'éducation de la
classe savante. C'est en effet dans le sein de
la classe savante, que l'on pourra recruter
d'excellents maîtres pour la classe ouvrière. « Quand on veut enseigner un nouvel
exercice à un régiment, il faut d'abord
que les chefs l'apprennent : puis ils l'enseignent à leurs officiers particuliers; ceux-
ci à leurs sous-officiers, et ceux-là aux
soldats. Il en est de même de toute instruction (1). »

L'éducation des enfants de la classe
savante doit pouvoir être finie à vingt ans.
Mais, sur ces vingt années, les trois ou
quatre dernières doivent être réservées
pour les écoles spéciales. Le cours des
études des écoles centrales (2) ne doit pas
occuper, par conséquent, plus de huit
années.

L'enseignement des écoles centrales,
dans lequel les élèves doivent puiser
les connaissances générales, « nécessaires à

(1) *Id.*, p. 335.

(2) Les écoles centrales correspondent à nos établissements d'enseignement secondaire, lycées et col-
lèges.

un homme bien élevé quel que soit l'état auquel il se destine », comprendra : 1° les langues et belles lettres (latin, grec, français, idéologie) ; 2° les sciences physiques et mathématiques ; 3° les sciences morales et politiques (histoire, morale, législation). Ces trois ordres d'études doivent marcher de front et se prêter une aide mutuelle. Enfin plusieurs parties de chacune de ces sciences doivent être enseignées à plusieurs reprises et approfondies. Le dessin est enseigné continuellement pendant ces huit années, pendant le temps laissé libre par les autres occupations. Il en est de même des exercices du corps et des langues vivantes.

Les objections faites à ce plan d'études sont faciles à écarter. Il y a des personnes qui pensent qu'un cours d'histoire est inutile dans les écoles centrales. Mais les livres d'histoire contiennent mille opinions douteuses et des erreurs très graves : « Je ne puis comprendre, dit Destutt de Tracy, que l'on veuille abandonner des novices au milieu de cette mer inconnue et semée d'écueils, sans boussole et sans pilote (1). » La manière dont les hommes prennent l'habitude de considérer les faits histo-

(1) *Id.*, p. 352.

riques décide de la plus grande partie
de leurs opinions. Il faut donc guider
les élèves dans l'étude de l'histoire et leur
faire connaître, avant qu'ils commencent à
s'y livrer, les sains principes de la morale
et de la science sociale. En effet, « les principes sont le modèle dont il faut toujours
rapprocher les événements ; c'est le seul
moyen de ne pas être entraîné par ceux-
ci... » (1). A vrai dire, le cours de morale
et de législation doit être un cours de philosophie historique. Ces deux cours doivent former un tableau des actions et des
opinions des hommes soumises à un examen judicieux ; et déterminer, plus qu'aucune autre étude, « de la direction ulté-
rieure du jugement et du caractère des
élèves » (2).

On dira encore que l'étude de la morale
raisonnée et de l'idéologie est au-dessus de
l'âge des élèves des écoles centrales. Sans
doute, la seule chose utile est de donner
aux enfants de bonnes habitudes : il faut
comprendre celles de bien juger et de bien
raisonner. L'étude de là logique et de la
grammaire générale est donc indispensable
à la formation de jeunes esprits.

(1) *Id.*, p. 353.
(2) *Id.*, p. 354.

Les écoles centrales sont la base de l'enseignement de la classe savante ; les écoles spéciales en sont le complément. L'école polytechnique est véritablement l'école spéciale des sciences physiques et mathématiques. Les écoles de médecine sont des écoles spéciales de toutes les parties des sciences physiques, que l'on ne traite pas par le moyen des mathématiques. L'établissement du Jardin des plantes, considéré comme maison d'enseignement, est de même une école des sciences naturelles. Toute école spéciale est en même temps une école particulière préparant à une profession déterminée. Destutt de Tracy regrette vivement l'absence d'une « école de morale » et d'une école des « sciences politiques ». — Cette observation date de 1798 .. (1).

L'instruction de la classe ouvrière se fait presque sans écoles. Pour la classe ouvrière si l'on veut, l'école est partout. La classe ouvrière apprend tout ce qu'elle sait sans s'en douter, « par l'effet de l'atmosphère qui l'environne et de l'état de la société dans laquelle elle vit » (2). Les impressions

(1) *Quels sont les moyens de fonder la morale a'un peuple ?* 1798.

(2) *Observation sur le système d'instruction publique*, p. 373.

qu'elle reçoit, voilà ses cours ; les alma-
nachs, voilà ses livres. Le pauvre est condamné à ne jouir que des choses devenues
communes. Tant qu'un pot de terre ou une
marmite est un chef-d'œuvre de l'art, le pauvre n'en a point. « Il en est des résultats de
la théorie comme des produits des arts (1). »
Le peuple est le dernier à connaître les
vérités nouvelles, comme il est le dernier à
profiter des inventions nouvelles. L'enseignement de la classe ouvrière ne peut
suivre que de loin l'enseignement de la
classe savante.

La classe ouvrière a, comme la classe
savante, ses écoles centrales et ses écoles
spéciales. Les premières sont les écoles
primaires ; les secondes les apprentissages
des différents métiers. Malheureusement
les ressources manquent pour établir des
écoles primaires vraiment bonnes, sur toute
la surface de la République. Destutt de
Tracy exprime le vœu que l'on arrive bientôt à ce moment « si désiré ou au moins si
désirable » où l'instruction de la classe
ouvrière sera ce qu'elle doit être, l'abrégé
et le résumé de l'instruction de la classe
savante.

Telle doit être — d'après Destutt de

(1) *Id.*, p. 375.

Tracy — l'organisation de l'instruction publique en régime démocratique. La loi du 3 brumaire an IV (1) en était une première esquisse : c'est la troisième République qui devait mettre à exécution le plan conçu en 1801 par l'auteur de l'*Idéologie*. « Les Français arrivent tard à tout, disait Voltaire, mais enfin ils arrivent... » Ils ont peut-être quelques étapes à parcourir avant que l'enseignement républicain ne soit véritablement — comme le voulait Destutt de Tracy — l'enseignement de la Raison et de la Liberté.

Mais l'enseignement *direct* n'a d'action efficace que sur les enfants. L'éducation morale *des hommes* est aussi nécessaire que l'éducation morale des enfants. Il n'est pas vrai, comme le pensait Voltaire, que la morale soit une, et ses principes universels. Au contraire, chaque homme a son système de morale qui lui est propre, ou plus justement « un amas confus d'idées sans suite, qui ne mérite guère le nom de système, mais qui lui en tient lieu » (2). Il faut donc enseigner aux hommes la morale ou plutôt une certaine morale, qui est pour Destutt de Tracy la morale utilitaire.

(1) 1795.
(2) *Qurls sont les moyens de fonder la morale d'un peuple ?* chapitre IV, parag. 1er.

III. — *L'éducation des hommes par les institutions*. — L'enseignement direct n'a pas d'avantage appréciable : il forme des moralistes et non des hommes moraux. L'enseignement indirect, c'est-à-dire la morale traduite par la loi et les institutions, agira, au contraire, puissamment sur la totalité de l'opinion publique. L'arrêter aux leçons directes serait négliger l'artillerie d'une armée pour s'occuper de sa musique.

Les lois sont véritablement l'éducation des hommes faits (1). L'éducation par la loi doit être, comme l'instruction publique, conforme au principe du gouvernement.

Sous un monarque, on enseignera la soumission ; sous une oligarchie, la modération ; et dans l'un et l'autre cas, l'inquisition et la délation. Sous les régimes d'intérêt particulier, il n'y a même pas de système de législation à proprement parler.

Le gouvernement représentatif est conforme à la nature : il n'a qu'à la laisser agir sans employer jamais la contrainte.

Les lois doivent tendre à diminuer l'inégalité parmi les hommes. L'inégalité, sous quelque forme qu'elle se présente, est le

(1) *Commentaire sur l'Esprit des lois*, livre V, p 42.

grand malheur des hommes. L'habitude de l'inégalité entraîne l'habitude de la servilité. L'inégalité est la source de la plupart des vices et du mauvais emploi de la masse de nos moyens. Le luxe, en effet, est une consommation exagérée, inutile et improductive. Les gouvernements ont intérêt à s'opposer à ses progrès. Doivent ils avoir recours à des lois somptuaires ? Pour Destutt de Tracy les lois somptuaires sont toujours un abus d'autorité, et *surtout* n'atteignent jamais le but qu'elles se proposent. Elles sont inutiles : quand les classes supérieures de la société n'ont pas trop d'orgueil ; quand les classes moyennes n'ont pas une « admiration stupide pour le faste » ; quand les moyens de faire rapidement des fortunes excessives sont rares, et quand ces fortunes sont dispersées rapidement par l'égalité des partages dans les successions. Les autres mesures prises contre le luxe ne sont que des expédients misérables (1).

Les lois doivent respecter la liberté des individus. Le problème qui consiste à distribuer les pouvoirs de la société de la manière la plus favorable à la liberté est-il résolu ? Comment pourrait-on parvenir à le

(1) *Id.*, livre VII.

résoudre ? Et d'abord qu'est-ce que la liberté ?

On distingue la liberté morale, la liberté physique et la liberté politique. La qualité commune à toutes les espèces de liberté, c'est que la liberté procure à celui qui en jouit « un plus grand développement dans l'exercice de sa volonté (1) ». La liberté est le pouvoir de faire ce qu'on veut. Les métaphysiciens demandent : La volonté est-elle ou n'est-elle pas libre ? C'est une question oiseuse. La liberté, c'est le pouvoir d'exécuter nos volontés. La volonté n'est pas libre par elle-même : son exécution seule peut être empêchée ou permise. Si nous ne pouvons pas exécuter notre volonté, nous ne sommes pas libres. Si nous pouvons exécuter notre volonté, nous sommes libres. « On veut ou on ne veut pas, mais on ne peut pas vouloir vouloir, et quand on le pourrait, il y aurait encore une cause à cette volonté antécédente, et cette cause serait hors de l'empire de notre volonté (2). » La liberté n'existe qu'après la volonté, et relativement à elle, et elle n'est que la puissance d'exécuter sa volonté ou d'accomplir ses désirs. Or le désir satisfait s'appelle le bon-

(1) *Id.*, livre XI.
(2) *Id.*, p. 128-129.

heur. On peut donc dire que la toute-puissance, la toute-liberté sont inséparables de la parfaite félicité. Faire ce qu'on veut, être libre, et être heureux, sont une seule et même chose. Voilà pourquoi chacun, comme le dit Montesquieu, a appelé liberté le gouvernement conforme à ses inclinations. Cela devait être ainsi et ne pouvait pas être autrement : car chacun est vraiment libre quand ses inclinations sont satisfaites.

Une nation est libre quand son gouvernement lui plaît, quand même il serait moins conforme aux principes de la liberté qu'un autre qui lui déplairait.

Une nation est libre quand elle est heureuse. Sous un despote qui saurait administrer parfaitement, la nation serait « au comble du bonheur qui est une seule et même chose avec la liberté » (1). Un gouvernement, sans être bon absolument, peut être bon relativement, c'est-à-dire à une certaine époque et pour un certain peuple. « Ce n'est pas de spéculation qu'il s'agit dans les affaires de ce monde, mais de pratique et de résultats (2). » Sacrifier son bonheur à sa liberté, ou sacrifier sa liberté à son bonheur, sont deux formules également

(1) *Id.*, p. 133.
(2) *Id.*, p. 134.

absurdes. S'il était possible de choisir entre le bonheur et la liberté, c'est le bonheur qu'il serait le plus sage de choisir.

Le but de la société est d'assurer la liberté, c'est-à-dire le bonheur des individus. Quel est le moyen d'atteindre ce but ?

Il y a trois pouvoirs : le pouvoir législatif, le pouvoir exécutif, le pouvoir judiciaire. Faire les lois, conduire les affaires extérieures et intérieures d'après ces lois, statuer sur les différends entre les individus, et sur les conflits entre les individus et l'Etat, — vouloir, exécuter, juger, — ces trois fonctions peuvent-elles être confiées à un seul homme ? Evidemment non : car vouloir et exécuter, c'est rendre inutile le jugement ; légiférer et juger c'est contraindre l'exécution. Le seul moyen de concilier ces trois pouvoirs est de les diviser. Montesquieu a cru trouver dans la Constitution anglaise la Constitution parfaite. Il a oublié que les trois pouvoirs n'existent pas par eux-mêmes : il n'y a, en *droit* et en *fait*, qu'une seule puissance effective, la volonté nationale. Tous les autres pouvoirs sont délégués.

Il n'y a qu'une seule puissance réelle, la puissance exécutive. Or Montesquieu admet sans discussion qu'elle soit confiée à un seul homme, même à titre héréditaire, pour cette raison unique, qu'un homme seul est plus propre à l'action que plusieurs.

Montesquieu approuve que le Corps législatif soit composé à la fois des représentants librement élus par la nation, et des « privilégiés héréditaires », ayant le droit de *veto*. Il confie encore à ces privilégiés le jugement des crimes d'état, c'est-à-dire la partie la plus importante du pouvoir judiciaire.

La conclusion de Montesquieu est « aussi embarrassée qu'embarrassante » (1). Les deux parties du Corps législatif, dit-il, s'enchaîneront l'une l'autre, et seront elles-mêmes liées par le pouvoir exécutif, qui le sera lui-même par le pouvoir législatif. « Ces trois puissances devraient former un repos ou une inaction. Mais, comme par le mouvement nécessaire des choses, elles sont contraintes d'aller, elles seront forcées d'aller de concert (2). »

Cette conclusion ne paraît pas nécessaire à Destutt de Tracy. En effet, le pouvoir de fait appartient au roi qui pourra toujours en abuser. La volonté nationale peut seule l'en

(1) *Id.*, p. 140.
(2) Montesquieu, *Esprit des lois*, livre XI.

empêcher et « le grand point de la constitution de l'Angleterre est que la nation a déposé six ou sept fois son roi » (1). C'est l'insurrection organisée par la nécessité ; ce n'est pas un expédient constitutionnel.

Montesquieu n'a donc pas trouvé la solution du problème qui consiste à distribuer les pouvoirs de la société de la manière la plus favorable à la liberté. Destutt de Tracy veut essayer *a priori* les principes d'une constitution vraiment libre, égale et paisible.

La toute-puissance, la toute-liberté, la toute-félicité sont une seule et même chose. Par conséquent, l'homme vivant à l'état de société est plus libre que l'homme vivant à l'état de nature, parce qu'il est plus puissant et plus heureux. L'homme isolé est soumis aux forces naturelles : en s'alliant à ses semblables, il leur échappe ; donc sa liberté augmente. Mais pour vivre ensemble, il faut « s'arranger ensemble ». Cet arrangement est la Constitution.

Supposons une nation nombreuse et éclairée, désireuse de se donner une Constitution. Elle ne peut prendre que les trois partis suivants : ou bien charger les autorités qui la gouvernent de s'arranger entre

(1) *Commentaire*, livre XI, p. 41.

elles, et de déterminer leurs droits et leurs
devoirs ; ou bien s'adresser à un sage pour
lui demander de rédiger le plan d'un gouvernement nouveau; ou bien confier ce soin
à une assemblée de députés librement élus
à cet effet. Dans le premier cas, les droits
de la nation ne seront ni bien établis ni
bien reconnus. Dans le second cas, la Constitution sera plus homogène et mieux com-
binée; mais il est à peu près impossible
que les idées d'un seul homme obtiennent
l'assentiment général. Dans le troisième
cas, on pourra objecter que les lumières
d'une assemblée sont inférieures à celles
des plus éclairés de ses membres ; que les
hommes réunis sont moins raisonnables que
les hommes pris séparément ; que leurs ré-
solutions sont exposées à être incohérentes
et vacillantes; que l'assemblée peut s'emparer de tous les pouvoirs et prolonger
presqu'indéfiniment la durée du gouvernement provisoire. Mais il faut considérer :
1° que l'assemblée est composée de représentants des différentes parties du territoire, et que par conséquent ses décisions
seront acceptées sans effort, et même avec
satisfaction, par le plus grand nombre;
2° que les lumières d'une assemblée sont
supérieures à celles de la masse du peuple,

que ses discussions seront publiques, et
que par conséquent « elle formera l'opinion
générale en même temps que la sienne » (1).
Or, ces avantages sont supérieurs à un degré de perfection de plus dans la constitution.

Le second inconvénient de ce système
est que l'assemblée peut s'emparer de tous
les pouvoirs. C'est parce que la législature
précédente lui avait remis tous les pouvoirs, que la « trop fameuse Convention nationale française » a pu « faire tant de mal à
l'humanité en rendant la raison odieuse » (2).
Il faut donc que les assemblées natio-
nales se bornent à organiser la société conformément aux vœux de la nation ; en d'autres termes, il ne faut pas que les autorités
gouvernantes deviennent en même temps
les autorités constituantes. Cependant l'expérience a prouvé que les assemblées constituantes ne cherchaient pas à prolonger
indéfiniment leur existence. Par exemple,
l'assemblée constituante française était si
impatiente d'abdiquer ses pouvoirs, qu'elle
a commis la grande faute de déclarer ses
membres inéligibles à l'assemblée législative.

(1) *Id.*, p. 149.
(2) *Id.*, p. 150.

D'une manière générale, on peut affirmer qu'une nation qui se régénère a un grand avantage à nommer une assemblée constituante. Tous les citoyens doivent être également appelés à voter de la même manière dans cette assemblée : ils sont tous intéressés à l'organisation de la nouvelle société. Ce serait affaiblir ou égarer la raison que lui donner pour appui une des fractions de la société. On ne doit pas admettre les femmes dans les assemblées : les femmes sont destinées aux fonctions domestiques comme les hommes aux fonctions publiques; il y a entre l'homme et la femme non *inégalité*, mais *disparité* (1).

La convention nationale sera nommée par des électeurs, élus eux-mêmes par les assemblées primaires composées de la totalité des citoyens. Les membres d'une société, en effet, n'ont pas intérêt à prendre aux affaires publiques une part directe : ils peuvent et doivent se borner à nommer des électeurs. Ces derniers auront une éducation plus soignée, des vues plus étendues, des relations plus nombreuses et seront moins asservis à des considérations d'intérêt local.

L'assemblée constituante est nommée.

(1) *Id.*, p. 160.

Quelle doit être la constitution ? Sur quels principes doit-elle être fondée ?

Il serait désirable qu'on puisse confier le pouvoir législatif à un seul homme, auquel on obéirait, comme on obéit « à un ami sage dont on suit les conseils tant qu'on s'en trouve bien, et non comme à un maître dont on est forcé d'exécuter les ordres les plus funestes » (1). Il est plus facile de trouver un homme supérieur que deux cents ou mille ; et il est probable qu'avec un législateur unique, la législation serait plus savante, plus habile et surtout plus homogène qu'avec une assemblée législative. On ne peut faire à cette opinion que deux objections : la première est qu'un corps législatif, composé de représentants des différentes parties du territoire, obtiendra plus facilement la confiance générale ; la seconde, que le corps législatif peut être renouvelé par parties, « au lieu que si tout roule sur un seul homme, lorsqu'il change, tout change avec lui » (2). Destutt de Tracy consent donc à ce que le pouvoir législatif soit confié à une assemblée.

Le pouvoir exécutif ne doit pas être non plus confié à une seule personne. On a dit,

(1) *Id.*, p. 164.
(2) *Id.*, p. 165.

il est vrai, qu'un seul homme est plus propre à l'action que plusieurs hommes réunis.
C'est faux. L'unité est nécessaire dans la
volonté et non dans l'exécution. La preuve
en est que nous n'avons qu'une tête et
plusieurs membres qui lui obéissent, et que
les monarques ont toujours plusieurs ministres. Le corps législatif et les ministres,
voilà tout le gouvernement. « Le roi n'est
qu'un être parasite, un rouage superflu au
mouvement de la machine, dont il ne fait
qu'augmenter les frottements et les
frais (1). » L'hérédité est un principe absurde. Cependant, tel qui se croirait fou s'il
déclarait héréditaires les fonctions de son
cocher, de son cuisinier ou de son médecin,
en s'obligeant à n'employer jamais que ceux
qui lui seraient désignés par l'ordre de pri-
mogéniture, encore qu'ils fussent enfants
ou décrépits, maniaques ou déshonorés,
trouve tout simple d'obéir à un souverain
choisi de cette manière. Espérer liberté et
monarchie, c'est espérer deux choses dont
l'une exclut l'autre.

Ainsi le pouvoir exécutif doit être confié
à un conseil composé d'un petit nombre de
personnes, élues pour un temps et se renou-

(1) *Id.*, p. 167.
(2) *Id.*, p. 179.

velant successivement. Le pouvoir législatif
doit être confié à un corps plus nombreux,
élu aussi pour un temps limité et se renou-
velant partiellement chaque année.

Le pouvoir législatif est le premier et le
pouvoir exécutif le second, par la seule raison qu'il faut vouloir avant d'agir. Il ne
faut donc pas les considérer comme rivaux
et les placer en opposition vis-à-vis l'un de
l'autre.

Un troisième corps est nécessaire pour
faciliter et régler l'action des deux autres.
Destutt de Tracy l'appelle le Corps conservateur.

Les fonctions les plus importantes
du Corps conservateur seront d'intervenir
dans les élections des membres du corps
exécutif, de nommer les juges d'un *tribunal supérieur*, comme en Amérique, ou du
tribunal de Cassation, comme en France ;
de destituer les membres du conseil exécutif ; de décider s'il y a lieu de les mettre
en accusation, de prononcer « l'inconstitu-
tionalité » des actes législatifs ou exécutifs ;
enfin de décider s'il y a lieu à la revision
de la constitution et à la convocation d'une
assemblée constituante. Les membres du
Corps conservateur seraient inamovibles.
Le Corps conservateur deviendrait la re-

traite et la récompense de ceux qui ont rempli de grandes places (1).

Le gouvernement représentatif avec un Conseil exécutif et un Corps conservateur est conforme aux saines notions de la raison et de la justice. Ne donner jamais à un seul homme assez de pouvoir pour qu'on ne puisse pas le *lui ôter sans violence* et pour que, *s'il change, tout change avec lui :* telle est la solution du problème qui consiste à distribuer les pouvoirs de la société de la manière la plus favorable à la liberté politique des individus.

La liberté publique et politique, et la liberté individuelle et particulière sont solidaires. Dans un régime démocratique, la volonté générale doit avoir la possibilité de se former et de se faire connaître ; la manifestation de la volonté générale est le meilleur moyen de résistance à l'oppression, d'où il résulte que la liberté individuelle et la *liberté de la presse* sont deux choses aussi indispensables au bonheur et à l'ordre de la société que la bonne distribution des pouvoirs (2). Le gouvernement « laissera

(1) *Id.*, p. 185. Destutt de Tracy ajoute : « Si la carrière politique ne doit pas être arrangée de manière à faire naître de grandes ambitions, elle ne doit pas non plus être si ingrate qu'elle soit négligée... »

(2) *Commentaire sur l'Esprit des lois*, livre XII.

chacua jouir pleinement du beau droit
de dire et d'écrire tout ce qu'il pense, —
facit quæ sentiat, — sûr que, quand les opinions sont libres, il est impossible que la
vérité ne surnage pas et ne devienne pas
évidente et inébranlable » (1).

La meilleure organisation de la société ne
suffit évidemment pas à prévenir tous les
crimes et tous les délits. Il est impossible
de supprimer toutes les occasions de nuire :
le communisme est une utopie. Pour qu'une
communauté réelle fût possible, il faudrait,
d'après Destutt de Tracy, qu'un homme
pût jouir par les organes d'un autre comme
par les siens propres (2). — La propriété
est une conséquence nécessaire de la nature
humaine. — L'amour de tous les hommes
les uns pour les autres dépasse nos plus
belles espérances.

Il faut donc organiser la répression des
crimes et des délits. Le moyen le plus efficace d'éviter les grands crimes est de les
punir. Le crime doit être pour celui qui le
commet une cause certaine de souffrance.
Dans une organisation sociale parfaite, il
n'y aurait plus de crimes, parce que le crime
se retournerait toujours contre son auteur.

(1) *Id*, livre V.
(2) *Moyens de fonder la morale d'un peuple,* chap. III.

Les exécuteurs des lois sont les meilleurs soutiens de la société. « Destutt de Tracy est un de ces matérialistes qui remplacent Dieu par un gendarme », lit-on dans un dictionnaire du commencement du siècle précédent (1). Le point important n'est pas que les peines soient rigoureuses, mais qu'elles soient inévitables. Le principe des punitions n'est pas de venger la société, mais de prévenir les crimes futurs. Il faut admirer la pensée de Montesquieu : « Plus les gouvernements sont animés de l'esprit de liberté, et plus les peines y sont douces. » La peine de mort est-elle légitime ? Suivant Destutt de Tracy « la société a pleinement le droit *d'annoncer d'avance* qu'elle fera périr quiconque se rendra coupable d'un crime dont les conséquences lui paraissent assez funestes pour être subversives de son existence ». Au point de vue social, le principe célèbre : il vaut mieux laisser échapper cent coupables que de condamner un innocent — est absurde Un coupable acquitté est plus nuisible à la société qu'un innocent condamné. Il faut que les innocents soient acquittés et les coupables condamnés : voilà la vérité.

(1) La grande Encyclopédie du xixᵉ siècle, publiée avant 1850.

La loi doit punir sévèrement les crimes et les délits graves. Mais il est des délits moins graves qui ne sont pas justiciables des tribunaux. Cependant ils doivent être réprimés par l'opinion publique, si l'éducation et les institutions publiques ont donné « une bonne direction » à cette opinion. D'ailleurs le moyen le plus sûr de réprimer « la friponnerie de toute espèce » est de « disposer les choses avec art, de manière que tout mauvais déportement devienne matériellement préjudiciable à son auteur » (1).

Les vrais précepteurs de la masse du genre humain ne sont donc pas les professeurs de morale, mais les législateurs et les gouvernants. L'instruction morale est tout entière dans les actes de législation et d'administration.

Le moraliste (2) dira : L'homme doit préférer la joie intérieure de l'amitié à un intérêt pécuniaire. Le législateur exprimera la même vérité en disant : L'homme n'a plus le droit de tester ; les partages auront lieu suivant le principe rigoureux de l'égalité.

(1) *Quels sont les moyens de fonder la morale d'un peuple ?* p. 404.

(2) *Id.*, p. 421-422.

Le moraliste dira : Le bonheur des con-
joints est dans l'inclination qu'ils ont l'un
pour l'autre. Le législateur va traduire la
pensée du moraliste en instituant le divorce.

Le dernier exemple cité par Destutt de
Tracy, pour démontrer la supériorité du législateur sur le moraliste, est particulièrement intéressant, parce qu'il contient une
solution du problème de la liberté de l'enseignement.

« Un pauvre professeur répétera tous les
jours qu'il ne faut se décider que d'a-
près sa raison ; qu'elle est le seul guide de
l'homme ; qu'elle seule suffit à lui faire
connaître qu'il a un véritable intérêt à
être juste : le résultat de son enseignement
sera médiocre. Le législateur cessera de
payer les prêtres et de leur permettre de
se mêler en rien des actes civils et *de
l'enseignement : au bout de dix ans tout
le monde pensera comme le professeur,
sans qu'il ait dit un mot.* » La loi ne
doit gêner en aucune manière les opinions
religieuses des citoyens. On n'est pas le
maître de penser ce qu'on veut. On ne l'est
pas même de changer d'avis. Mais Destutt
de Tracy fait remarquer que les enseigne-
ments de la religion sont contraires à la

saine morale sociale (1) ; et que par conséquent, moins les idées religieuses ont de
force dans un pays, plus on y est vertueux,
heureux, libre et paisible.. On peut répéter
des livres saints ce que le calife Omar disait de l'Alcoran : Si tous ces livres enseignent la même chose que la raison, ils sont
inutiles ; s'ils enseignent le contraire, ils
sont nuisibles. Le danger des opinions religieuses est de donner aux prêtres un pouvoir illimité sur ceux qui les croient réellement les interprètes de la volonté divine.
Aucune puissance temporelle ne peut balancer leur puissance spirituelle. Il suit de
là « que les prêtres sont toujours dangereux pour l'autorité civile ». Un gouvernement qui veut la liberté essayera de les
discréditer par le progrès des lumières.

Les peuples ont-ils le droit de faire la
guerre (2) ? Ce droit vient du droit de défense, et dans la mesure où la guerre est un
moyen de défense, il faut la considérer
comme légitime. Le droit de conquête dérive du droit de guerre : conquérir c'est
quelquefois se défendre.

Les nations sont, les unes vis-à-vis des
autres, dans l'état où seraient des sauvages

(1) *Id.*, p. 117.
(2) *Id.*, p. 121.

n'appartenant à aucune nation, n'ayant aucun tribunal pour juger leurs différends, aucune force publique pour les protéger. Les nations sont donc obligées de se défendre elles-mêmes, comme des individus isolés. Cependant les sauvages aiment quelquefois à s'entendre entre eux. C'est aussi ce que font les nations. Elles s'envoient des parlementaires, font des traités, s'accordent réciproquement le droit d'enterrer les morts, soignent les blessés, s'habituent à ne jamais rompre la paix sans provocation et sans déclaration de guerre. Ces règles manquent à vrai dire de sanctions ; elles ne sont pas des lois au sens propre du mot, mais elles constituent cependant une partie importante du droit, le droit des nations, le *jus gentium*. La fédération des peuples, la République universelle, est l'idéal des nations, comme la fédération des citoyens et le régime représentatif sont l'idéal des individus. Il y a entre les peuples des relations morales, il doit y avoir entre eux des relations sociales. « Il y a plus loin de l'état originaire de l'homme à la ligue des Achéens, que de l'état actuel de l'Europe à la fédération régulière de toutes ses parties » (1).

(1) *Commentaire*, livre XXIV, p. 352.

La conquête est une atteinte au droit naturel qu'a chaque homme de n'être membre d'une société qu'autant qu'il le veut, si du moins le peuple victorieux ne laisse pas à tous les habitants d'un pays conquis la liberté d'en sortir. Si la guerre est juste, la conquête est juste. Il faut ajouter que « souvent un peuple gagne beaucoup à être conquis » par un gouvernement républicain ou représentatif, car « être conquis ainsi, c'est moins être envahi qu'être délivré » (1).

En principe les nations ne doivent pas avoir de colonies ; une république qui veut demeurer libre, dit Montesquieu, ne doit pas avoir de sujets. Le gouvernement doit traiter les habitants des colonies comme les habitants de la métropole, et émanciper les colonies dès qu'elles sont en état d'exister par elles-mêmes. La politique extérieure et la politique intérieure d'une république doivent être inspirées par les mêmes principes de liberté et de justice sociale.

(1) *I.l.*, livre X.

CONCLUSION

La philosophie morale et sociale de Destutt de Tracy est la philosophie républicaine
par excellence. Au point de vue politique
comme au point de vue économique, elle
est l'expression la plus exacte de ce que
l'on pourrait appeler le classicisme révolutionnaire.

I

La philosophie de Destutt de Tracy est
une philosophie utilitaire. Or la Révolution
de 1789 présente un caractère nettement
positif : l'idéal républicain de liberté, d'é-
galité et de fraternité reposait sur de solides
assises économiques. La Déclaration des
droits de l'homme et du citoyen n'est pas
tant le fruit des théories politiques des
Montesquieu, des Rousseau ou des Mably,
que de l'effort constant de la petite bourgeoisie et du prolétariat naissant vers leur
émancipation économique. Les corporations,

les congrégations, le clergé séculier, l'administration monarchique arrêtaient le libre essor de la bourgeoisie industrielle et commerçante, non pas vers un vague idéal métaphysique, mais vers des réalités économiques. En brisant l'organisation de l'ancien régime, la bourgeoisie n'a fait qu'obéir à son égoïsme de classe, qui se confondait — *en 1789* — avec l'intérêt même de l'humanité.

La philosophie de Destutt de Tracy est une philosophie rationaliste et athée. Or la Révolution de 1789 présente un caractère nettement nationaliste et irréligieux. D'après certains historiens (1), il est vrai, la tentative de « déchristianiser » la France n'est pas sortie d'une idée philosophique préconçue, et le culte de la Raison a moins été une transformation de la conscience religieuse des Français, qu'un expédient populaire de défense patriotique contre l'Eglise, foyer ardent d'agitation contre-révolutionnaire. On peut encore faire remarquer qu'il était absurde de faire de la Raison une religion universelle, d'inventer de nouveaux rites et de nouveaux dogmes; de ramasser en un mot le vêtement usé du catholicisme agonisant pour en faire la parure de l'idéal

(1) Aulard. — *Le culte de la Raison et de l'Etre suprême*, Paris, Alcan.

révolutionnaire : la tentative a échoué et devait échouer. « La Raison, comme le faisait observer l'avocat Ruffion du Trouillet, doit être l'objet d'une étude et non d'un culte. » Mais il faut reconnaître que les philosophes du xviiie siècle, en faisant la critique des traditions politiques de l'ancien régime, nous ont appris à faire la critique des traditions religieuses qui faisaient corps avec elles. La Révolution a été une première étape vers l'irréligion de l'avenir ; elle a, pour ainsi dire, démocratisé l'esprit de libre-examen : c'est en ce sens qu'elle a été rationaliste ; et j'ajoute que le rationalisme *athée et humanitaire* des Encyclopédistes et des Idéologues est plus conforme à l'esprit général de la Révolution française que le rationalisme spiritualiste de Voltaire, de Rousseau ou de Robespierre.

Enfin la philosophie politique de Destutt de Tracy est une philosophie *individualiste.* Or la Révolution française a été — le doute n'est pas permis — franchement *individualiste.* Destutt de Tracy a défendu la propriété individuelle, condamné l'intervention de l'Etat dans les affaires particulières, et déclaré à plusieurs reprises que le communisme était une « utopie » ou une « aberration ». Le régime économique de la

concurrence, de la liberté du travail, du salariat, de l'hérédité, lui paraît le plus ferme
soutien de l'idéal politique de la Révolution (1).

II

Les idées de Destutt de Tracy paraissent
un peu banales (2). Cela tient, sans doute, à
ce qu'elles ont fait parmi nous leur chemin,
et à ce que tous les partis — les blancs et
les bleus, comme on disait en 1793 — se
servent de l'idéal républicain: les uns comme
d'un drapeau, les autres comme d'un mas-
que.

La philosophie de Destutt de Tracy cependant, si on la considère par rapport aux

(1) Sur la question controversée du socialisme et de
la Révolution française, on peut consulter les ouvrages
connus d'Yves Guyot, A. Lichtinberger et E. Faguet.
Les socialistes et les républicains ont, à notre avis, un
même *idéal politique* fondé sur des *principes économiques*
différents. N'est-ce pas là le secret de leurs luttes, et
aussi de leur union contre les partis d'ancien régime ?
Au point de vue politique, il y a affinité entre les républicains et les socialistes. Au point de vue économique
au contraire, il y a affinité entre les républicains et les
monarchistes: car ils admettent tous deux le régime
de la propriété individuelle héréditaire.

(2) « On trouverait à l'auteur des *Eléments d'Idéologie*,
Destutt de Tracy, plus d'un contemporain illustre parmi
nous. » Brunetière : *Hist. de la Littérature française.* — La
phrase est un peu obscure, mais avec un effort d'atten-
tion, on peut arriver à la comprendre.

systèmes dont elle est née, nous semble profondément originale.

Locke et Condillac étaient des chrétiens : Locke a écrit le *Christianisme raisonnable ;* et Condillac a cru à l'immortalité de l'âme. Montesquieu n'est pas encore républicain; il a admiré la Constitution anglaise encore toute imprégnée d'esprit monarchique. Les audaces de Voltaire étaient des audaces de plume, plus encore que des audaces de pensée. Diderot a jeté, dans ses œuvres nombreuses et éloquentes, les éléments d'une philosophie morale et sociale inspirée par l'esprit révolutionnaire. Mais il n'a jamais coordonné ses idées abondantes et quelquefois contradictoires.

Le mérite de Destutt de Tracy est d'avoir composé, à l'aide de ces matériaux épars, une œuvre claire, une œuvre complète, une œuvre logique. Il a posé tous les problèmes en leur donnant au moins une solution provisoire : il a construit un système, dont l'originalité est précisément d'être un système. Prenez une page de l'un des quatre tomes de l'*Idéologie* et vous direz : Cette idée vient de Montesquieu ; celle-ci de Locke ou de Condillac ; celle-là d'Helvétius, de Garat ou de Cabanis. Prenez dans son ensemble le traité d'*Idéologie* et vous reconnaîtrez que nulle part on ne trouve de résumé plus exact et de synthèse plus solide des idées républicaines en politique, et des idées sensualistes en morale.

La philosophie de Destutt de Tracy est une sorte de « portrait composite » des systèmes philosophiques du xviiie siècle. Elle ressemble à tous, et elle ne ressemble à aucun : c'est en ce sens qu'elle est profondément originale.

III

La philosophie de Destutt de Tracy n'est pas seulement un résumé ou une synthèse des systèmes philosophiques du xviiie siècle : elle a un mérite d'un autre ordre, qui est d'annoncer la philosophie positive d'Auguste Comte (1).

Auguste Comte à lu les Idéologues, et en particulier Destutt de Tracy : il a trouvé chez lui une psychologie physiologique et une sociologie psychologique. Les ancêtres intellectuels de Comte étaient les maîtres ou les amis de Destutt de Tracy : Comte a lu Montesquieu, Condorcet, Adam Smith, Hume, d'Alembert, Voltaire, Cabanis. De là, peut-être, leur étroite parenté philoso-

(1) Voir Lévy-Bruhl, *La philosophie d'A. Comte*, Introduction. — Brunetière, *Lettres franç.*, p. 398.

phique. Pour Destutt de Tracy comme pour
Auguste Comte, la politique est subordon-
née à la morale et à la psychologie. Pour
Destutt de Tracy comme pour Auguste
Comte, le communisme est une utopie et
une aberration. Pour Destutt de Tracy
comme pour Auguste Comte, la psychologie
est une partie de la zoologie ou de la phy-
siologie. Enfin pour Destutt de Tracy comme pour Auguste Comte, la fin dernière
des études scientifiques est d'assurer le
bonheur de l'humanité: la science sociale est
la raison d'être et le couronnement de l'é-
difice scientifique tout entier. Il est vrai que
l'analogie ne se poursuit pas jusque dans
le détail.

Auguste Comte a plus de rigueur scientifique : il a montré que l'économie politique
classique ne pouvait être considérée comme
une véritable science. Auguste Comte est
dans une certaine mesure un homme de
sentiment : il a conçu le plan grandiose
d'une religion humaine. Sans méconnaître
l'originalité de Comte, on peut dire cependant qu'il doit beaucoup à la philosophie du
XVIIIᵉ siècle, et en particulier à l'Idéologie.
Destutt de Tracy a été, — je le répète à
dessein, — dans ma conviction, le dernier des
sensualistes et le premier des positivistes.

J'ai essayé de montrer d'autre part qu'il était le représentant le plus autorisé du classicisme révolutionnaire. A ce double titre il doit intéresser l'historien, puisque sa philosophie aide à comprendre une époque, — la Révolution, — et le philosophe, puisqu'elle fait comprendre un système, — le positivisme.

TABLE DES MATIÈRES

OUVRAGES CONSULTÉS

DESTUTT DE TRACY. — Quels sont les moyens de fonder la morale d'un peuple ? 1798.

— Eléments d'Idéologie. 1801, 1803, 1804, 1815 et années suivantes. Réimpression, 1825, 1826, 1827.

— Commentaires sur l'Esprit des lois de Montesquieu, éd. anglaise, 1811 ; éd. française, 1823.

— Pièces relatives à l'instruction publique, à la suite de la Logique, éd. 1825.

CABANIS. — Œuvres-passim.

CHABOT. — Destutt de Tracy.

DAMIRON. — Essai sur la philosophie du XIXᵉ siècle.

GUIZOT. — Discours de réception à l'Académie. (Voir aussi la réponse au discours de Guizot.)

GUYAU. — La Morale d'Epicure.

JANET. — Schopenhauer et les physiologues. *R. des Deux Mondes.*

JANET et SEAILLES. — Histoire de la philosophie. Les problèmes et les écoles.

LEWES. — History of philosophy.

LÉVY-BRUHL. — La philosophie d'Auguste Comte. Introduction.

LÉVY-BRUHL. — History of modern philosophy in France. London, 1899.

MAINE DE BIRAN. — Œuvres-passim.

MIGNET. — Notice sur la vie et les œuvres de Destutt de Tracy. Mém. de l'Ac. des sc. mor. et pol. 2ᵉ série, tome IV.

PICAVET. — Les Idéologues.

RÉMUSAT. — Cabanis. *Revue des Deux Mondes.*

SAINTE-BEUVE. — Lundis.

TAINE. — Les philosophes classiques.

NOTA BENE. — Dans nos notes, nous citons la petite édition in-16 des œuvres de Destutt de Tracy, publiée chez Mme Lévi, Paris, 1825 (seconde et troisième partie de l'*Idéologie*). 1826 (quatrième et cinquième partie). 1827 (première partie). 1828 (*Commentaires sur l'Esprit des lois*). Côté de la Bibliothèque de l'Université. SP. g. 129.

Tours, imp. P. BOUSREZ. — J. ALLARD, gendre.